【団体受験テスト対応】

TOEFL ITP® テスト 英文法 スピードマスター

高橋良子
Takahashi Ryoko

キャラ・フィリップス
Cara Phillips

TOEFL ITP is a registered trademark of Educational Testing Service (ETS).
This publication is not endorsed or approved by ETS.

Jリサーチ出版

はじめに

TOEFL ITP®テストを受けるために

　TOEFL®（Test of English as a Foreign Language）は、米国の非営利テスト開発団体Educational Testing Service（ETS）によって作成されている、アカデミック・イングリッシュ（学術的な英語）のテストです。現在、日本ではTOEFL iBT®テストとTOEFL ITP®テストの2種類のTOEFL®が受験可能です。ペーパー版テストであるTOEFL ITP®テストは、団体受験の場合のみ受けることができます。主に大学などの教育機関におけるクラス分け、留学希望者の選抜、国内の一部の大学や大学院の入学資格、将来のTOEFL iBT®テスト受験の準備などの目的で利用されています。TOEFL ITP®テストは、日本人が苦手とするスピーキングとライティングがないなど、TOEFL iBT®テストに比べればスコアが取りやすいテストではあります。しかし、TOEFL®はもともと英語圏の大学や大学院で学ぶ際に必要となる英語力があるかどうかを測定するテストですので、全体的に難易度が高く、狙っているスコアを取得するためには十分な準備が必要です。

本書の特徴

　TOEFL ITP®テストはリスニング、文法（Structure and Written Expression）、リーディングの3つのセクションから成り立っており、本書はその中の文法セクションに特化しています。前半には文法セクションで高いスコアを取るために知っておくべき文法項目を解説した解法が、そして後半には文法セクションの模擬テスト6回分が含まれています。

　そもそも文法セクションはほかに比べて問題文が短く、中学校や高校で文法をしっかり勉強する日本人受験者が点を取りやすいセクションであると言われています。また、たとえ今の時点では文法に苦手意識があったとしても、文法セクシ

ョンは、集中的に対策をすれば、比較的短期間でスコアを伸ばしやすいセクションです。しかも文法力が上がれば、リスニングが聴きやすくなったり、リーディングのスピードが上がったりする利点もあります。セクション別の学習を行う際には、まずはぜひ、文法セクションの対策を行ってください。

学習の手順

　文法にあまり自信がない人は、まずは解法をじっくり読んで理解し、必要な情報は暗記しましょう。その後、模擬テストに進んでください。

　文法にある程度自信がある人は、解法部分をさっと確認し、理解があやふやだと思われるところだけ復習すれば十分です。なるべく早く模擬テストに取りかかってください。

　模擬テストは決してやりっぱなしにせず、間違えた問題、正解できてもきちんと理由を説明できない問題はしっかりと訳や解説を確認しましょう。模擬テストは1回だけでなく、何回もやればより高い効果が期待できます。また、模擬テストをするときは、なるべく本番に近い環境で——時間を計りながら、マークシートを使って、問題に書き込みをせずに——行ってください。

本書を利用するみなさんへ

　TOEFL ITP®テストの受験を考えておられる皆さんは、よりレベルの高いクラスに入りたい、希望している大学に留学したい、などの大きな夢を持っておられることと思います。TOEFL ITP®テストの勉強をすることでアカデミック・イングリッシュ力を身につけ、それぞれの夢を叶えるために、本書を利用し尽くしていただけることを心から願っています。

筆者

CONTENTS

はじめに 2
本書の構成と利用法 6
TOEFL ITP®テストについて 8

文法問題 解法30　　　　　　　　　　　　　　　　　　　　　　11

解法1	選択肢を確認する	12
解法2	問題文の主語と動詞を確認する	14
解法3	同格に注意する	15
解法4	節の数と接続詞の数を確認する	17
解法5	等位接続詞を理解する	18
解法6	副詞節を理解する	19
解法7	関係代名詞節を理解する	21
解法8	名詞節を理解する	24
解法9	仮定法を理解する	25
解法10	分詞構文を理解する（1）縮約された副詞節	27
解法11	分詞構文を理解する（2）縮約された関係代名詞節	29
解法12	倒置に注意する（1）場所を表す表現と倒置	31
解法13	倒置に注意する（2）否定表現と倒置	32
解法14	倒置に注意する（3）仮定法と倒置	33
解法15	可算名詞と不可算名詞を区別する	35
解法16	単数名詞と複数名詞を区別する	37
解法17	代名詞に注意する	38
解法18	動詞の時制に注意する	40
解法19	助動詞の後の動詞に注意する	42
解法20	受動態に注意する	43
解法21	形容詞と副詞を区別する	44
解法22	連結動詞と形容詞の関係に注意する	47

解法23	分詞形容詞に注意する	48
解法24	比較級と最上級を区別する	49
解法25	冠詞に注意する	51
解法26	前置詞に注意する	52
解法27	並列構造に注意する	53
解法28	語彙問題に注意する（1）	55
解法29	語彙問題に注意する（2）	56
解法30	語彙問題に注意する（3）	57

文法模擬テスト　正解・解説　　　　61

- Test 1 ……………………………………… 62
- Test 2 ……………………………………… 82
- Test 3 ……………………………………… 103
- Test 4 ……………………………………… 125
- Test 5 ……………………………………… 146
- Test 6 ……………………………………… 167
- 正解一覧 …………………………………… 187

別冊　文法模擬テスト

- Test 1 ……………………………………… 4
- Test 2 ……………………………………… 13
- Test 3 ……………………………………… 22
- Test 4 ……………………………………… 31
- Test 5 ……………………………………… 40
- Test 6 ……………………………………… 49
- 解答用紙 …………………………………… 59

本書の構成と利用法

本書はTOEFL ITP®テストの文法問題で高得点を目指す人のために作成されています。全体は3部構成になっています。

●文法問題　解法30

Section 2のStructure and Written Expressionに頻出する30の文法事項を取り上げ、その解法を詳しく説明しています。すべてに例題がついていますので、実際に解きながら解法を身につけることができます。さらに、関連する事項がすぐにわかる相互参照方式を採用しています（例：➡解法18）。

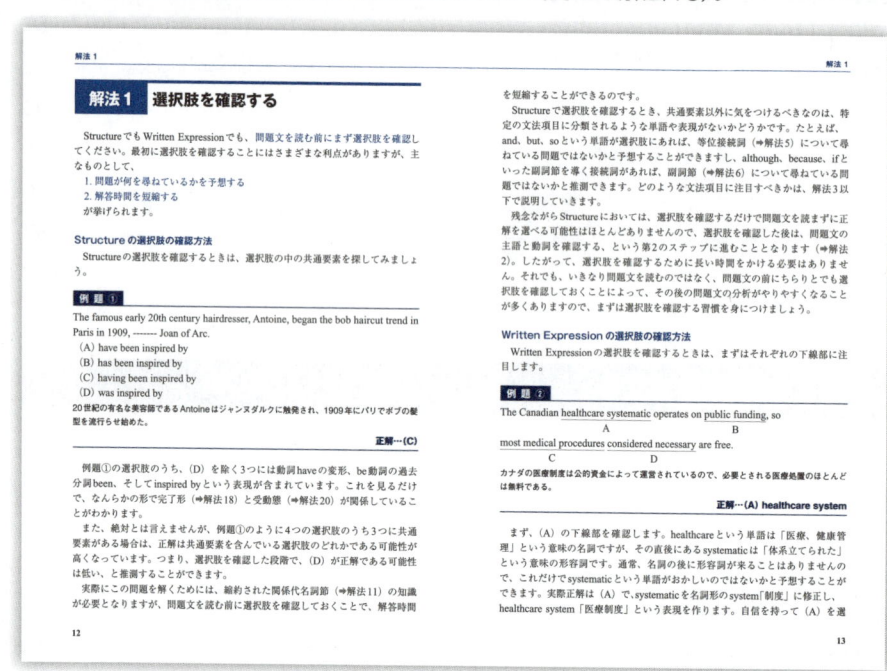

●文法模擬テスト（別冊）

　本冊から取り外し可能な別冊にはSection 2の模擬テストが6回分収録されています。実際の試験と同じように時間を計り、1回25分で解答しましょう。別冊の巻末にある解答用のマークシートを切り取ってご利用ください。

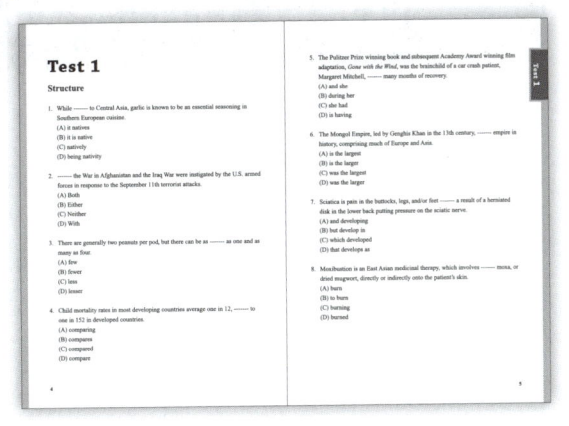

●文法模擬テスト　正解・解説

　解答が終わったら、187ページの「正解一覧」で自己採点をしましょう。各問題の解説を読み、特に間違えた問題はしっかり復習してください。

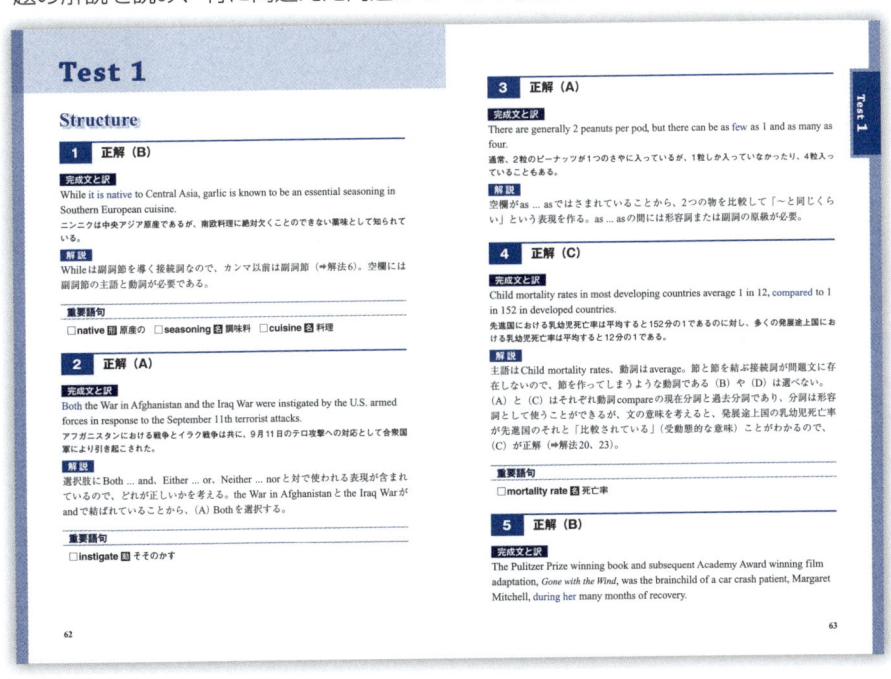

TOEFL ITP® テストについて

　TOEFL®（Test of English as a Foreign Language）は、米国の非営利教育団体Educational Testing Service（ETS）によって作成されている、主に学術英語の運用能力を測るテストです。指示文も問題もすべて英語によって行われ、結果は合否判定ではなくスコアによって評価されます。
　現在日本で実施されているTOEFL®テストには以下の2種類があります。

TOEFL ITP® (Institutional Testing Program)
- ペーパー版テストで、解答はマークシートに記入する。
- 団体受験テストなので、個人での申し込みはできない。スコアは団体内でのみ有効。
- テストの構成は、リスニング、文法、リーディング。

TOEFL iBT® (Internet-based Test)
- コンピューター上で問題を解くテスト。
- 個人で申し込みをする。スコアは米国の多くの大学で留学資格として認定されている。
- テストの構成は、リーディング、リスニング、スピーキング、ライティング。

　TOEFL ITP®テストは、主に大学などの教育機関におけるクラス分け、留学希望者の選抜、英語力の測定、カリキュラムの効果測定、TOEFL iBT®テストの受験準備などに活用されています。
　TOEFL ITP®テストにはLevel 1 TOEFLとLevel 2 Pre-TOEFLの2種類があり、Level 2は難易度が低く、単時間で受験できるようになっています。本書はLevel 1に対応しています。

より詳しい情報は、TOEFL®テストの日本事務局である国際教育交換協議会（CIEE）日本代表部のウェブサイトを参照してください。
http://www.cieej.or.jp/

TOEFL ITP®テストの構成

Section 1	●Listening Comprehension（リスニング）……… 50問 約35分 ●Part A：Short Conversations（短い会話）……… 30問 ●Part B：Longer Conversations（長い会話）……… 約8問 ●Part C：Talks（トーク）……… 約12問 会話とトーク、それに付属する質問を聞き、正しいものを4つの選択肢から選ぶ。テスト用紙には選択肢のみが印刷されている。
Section 2	●Structure and Written Expression（文法）……… 40問 25分 ●Structure ……… 15問 文の空欄に最も適切な語句を4つの選択肢から選ぶ。 ●Written Expression ……… 25問 文の4カ所に引かれた下線から、間違っているものを選ぶ。
Section 3	●Reading Comprehension（読解）……… 50問 55分 5つのパッセージを読んで、各パッセージにつき10問程度の設問に答える。すべて4肢択一。
	合計140問　約115分

Structure and Written Expressionの出題形式

Section 2のStructure and Written Expressionでは2種類の問題があり、Structureで15問、Written Expressionで25問出題されます。それぞれの出題形式は以下の通りです。

Structure

問題文に1つの空欄があります。文の下にある（A）、（B）、（C）、（D）の4つの選択肢から、空欄に入れる語句を選び、文を完成させます。

【例】This English dictionary has the ------- vocabulary in the U.S.
 （A）large
 （B）larger
 （C）largest
 （D）most large
              正解（C）

Written Expression

問題文の4カ所の語句に下線が引かれ、A、B、C、Dとマークされています。これらの下線部から修正しなければいけないものを選び、正しい文にします。

【例】As we burn more fossil fuels, more carbon dioxide enter the
    A   B   C   D
atmosphere.
              正解（D）enters

実際の試験ではそれぞれのパートの最初に、英語のディレクション（指示文）と例題が提示されます。

文法問題
解法30

解法 1　選択肢を確認する

StructureでもWritten Expressionでも、問題文を読む前にまず選択肢を確認してください。最初に選択肢を確認することにはさまざまな利点がありますが、主なものとして、
1. 問題が何を尋ねているかを予想する
2. 解答時間を短縮する

が挙げられます。

Structureの選択肢の確認方法

Structureの選択肢を確認するときは、選択肢の中の共通要素を探してみましょう。

例題①

The famous early 20th century hairdresser, Antoine, began the bob haircut trend in Paris in 1909, ------- Joan of Arc.
 (A) have been inspired by
 (B) has been inspired by
 (C) having been inspired by
 (D) was inspired by

20世紀の有名な美容師であるAntoineはジャンヌダルクに触発され、1909年にパリでボブの髪型を流行らせ始めた。

正解…(C)

　例題①の選択肢のうち、(D) を除く3つには動詞haveの変形、be動詞の過去分詞been、そしてinspired byという表現が含まれています。これを見るだけで、なんらかの形で完了形（➡解法18）と受動態（➡解法20）が関係していることがわかります。

　また、絶対とは言えませんが、例題①のように4つの選択肢のうち3つに共通要素がある場合は、正解は共通要素を含んでいる選択肢のどれかである可能性が高くなっています。つまり、選択肢を確認した段階で、(D) が正解である可能性は低い、と推測することができます。

　実際にこの問題を解くためには、縮約された関係代名詞節（➡解法11）の知識が必要となりますが、問題文を読む前に選択肢を確認しておくことで、解答時間

を短縮することができるのです。

　Structureで選択肢を確認するとき、共通要素以外に気をつけるべきなのは、特定の文法項目に分類されるような単語や表現がないかどうかです。たとえば、and、but、soという単語が選択肢にあれば、等位接続詞（➡解法5）について尋ねている問題ではないかと予想することができますし、although、because、ifといった副詞節を導く接続詞があれば、副詞節（➡解法6）について尋ねている問題ではないかと推測できます。どのような文法項目に注目すべきかは、解法3以下で説明していきます。

　残念ながらStructureにおいては、選択肢を確認するだけで問題文を読まずに正解を選べる可能性はほとんどありませんので、選択肢を確認した後は、問題文の主語と動詞を確認する、という第2のステップに進むこととなります（➡解法2）。したがって、選択肢を確認するために長い時間をかける必要はありません。それでも、いきなり問題文を読むのではなく、問題文の前にちらりとでも選択肢を確認しておくことによって、その後の問題文の分析がやりやすくなることが多くありますので、まずは選択肢を確認する習慣を身につけましょう。

Written Expressionの選択肢の確認方法

　Written Expressionの選択肢を確認するときは、まずはそれぞれの下線部に注目します。

例題 ②

The Canadian healthcare systematic operates on public funding, so
　　　　　　　　A　　　　　　　　　　　　　　B
most medical procedures considered necessary are free.
　　　C　　　　　　　　　D

カナダの医療制度は公的資金によって運営されているので、必要とされる医療処置のほとんどは無料である。

正解…(A) healthcare system

　まず、(A) の下線部を確認します。healthcareという単語は「医療、健康管理」という意味の名詞ですが、その直後にあるsystematicは「体系立てられた」という意味の形容詞です。通常、名詞の後に形容詞が来ることはありませんので、これだけでsystematicという単語がおかしいのではないかと予想することができます。実際正解は (A) で、systematicを名詞形のsystem「制度」に修正し、healthcare system「医療制度」という表現を作ります。自信を持って (A) を選

択することができたら、これ以降の選択肢は確認する必要さえありません。下線部がどのようになっていれば正しいか、または正しくないかは、解法3以下で説明していきます。

　Written Expressionで選択肢を確認するとき、下線部以外に気をつけるべきなのは、下線部と下線部以外（たいていは下線部の直前または直後）との関係性です。たとえば、下線部にmanyという可算名詞の複数形を修飾する形容詞があれば、下線部の後に可算名詞の複数形があるかを確認することになります（➡解法15、解法16）。どのような関係性について注意すべきかについても、解法3以下で説明していきます。

　Written Expressionにおいては、例題②で見たように、選択肢を確認するだけで問題文を読まずに正解できる問題もたくさんあります。そのような問題は選択肢を確認してすぐに解き、より難しい問題を解くための時間を確保しましょう。

解法2　問題文の主語と動詞を確認する

　StructureでもWritten Expressionでも、最初にしなければいけないのは選択肢を確認することです（➡解法1）。そして、その次にしなければならないことが、問題文の主語と動詞を確認することです。

　Written Expressionの問題は必ずしも主語と動詞を確認しなくても解ける問題が多いのですが、Structureの問題は、主語と動詞を確認することなく正解するのは難しいでしょう。逆に言うと、Structureの問題の80パーセントから90パーセントは主語と動詞を確認するだけで解くことができるか、正解を選ぶために必要なヒントを得ることができます。

　英語の文には主語と動詞が常に必要です。主語または動詞がないと、それは文法的に正しい文とは言えません。

　主語は、動詞で表される行為を行った人または物です。主語になることができるのは名詞または名詞相当句（名詞句、名詞節、動名詞、不定詞など）で、通常は文の最初のほうにあります。（動詞については、解法18、解法19、解法20を参照）

例題

------- was developed in 1822 by the French inventor Nicéphore Niépce.
　（A）Chemical photography

(B) A chemical photographer
(C) It was a chemical photograph
(D) While chemical photographic

化学薬品を使った写真撮影術は1822年にフランスの発明家、ニセフォール・ニエプスによって開発された。

正解…(A)

　例題には、空欄の直後に動詞was developedがありますが、それに対応する主語がありません。つまり空欄に入るのは主語ということになります。選択肢の中で、主語になりうる名詞または名詞相当句であるのは (A) と (B) だけです。(B) は「化学的な写真家」という意味で、選択肢自身の意味もあやふやですし、空欄以降にも意味的につながりません。したがって正解は (A) となります。
　例題では名詞が抜けていますが、動詞が抜けている問題文も頻繁に出題されます。
　Structureでは、主語と動詞を確認するだけで解くことができる問題が数多くあります。Written Expressionでも、下線部を見たり、下線部と下線部の前後との関係性を確認しても解けない場合は、主語と動詞を意識することによって解けることがほとんどです。主語と動詞の確認は習慣にしておきましょう。

解法3　同格に注意する

　StructureでもWritten Expressionでも、問題文の主語と動詞を確認することはとても大切です（➡解法2）が、主語を正しく認識するためには、「同格」に注意しなければなりません。同格とは、ある名詞の前または後ろについて、その名詞を言い換える名詞や名詞句のことです。
　同格に関しては、以下を覚えておきましょう。
　1. 同格は主語になれない
　2. 同格は2つのカンマではさまれている

例文① Judy, the smartest student in the school, received an A in her math class.
　　　　学校でもっとも賢い学生であるジュディは、数学のクラスでAを取った。

　例文①では、Judyとthe smartest studentのどちらが主語になってもよいように

解法 3

見えます。しかし、the smartest student in the schoolはその前にある名詞Judyの言い換えであり、前後をカンマではさまれていることからJudyの同格であるということがわかります。同格は主語にはなりえませんので、例文①の主語はJudyだということになります。

例文② Judy, the smartest student in the school received an A in her math class.

　例文①と例文②の違いは、the smartest student in the schoolの後にカンマがあるかないかだけです。例文②ではカンマがないので、この場合は、the smartest studentが主語で、Judyがその同格となっています。Judyは文頭に置かれているので、文頭のスペースとJudyの直後のカンマによって区切られている、と捉えます。カンマが1つあるかないかによって、例文②の主語はJudyではなく、the smartest studentになります。

例 題

Content-based instruction, ------- through other subject matter, is gaining in popularity in English education worldwide.

（A）having learned language
（B）language learning
（C）they learn a language
（D）language learners are

ほかの科目を学ぶことを通して言語を学ぶコンテント・ベース教育は、英語教育において世界的に人気になってきている。

正解…（B）

　例題では、文頭のContent-based instructionが主語のように見え、それに対応する動詞としてis gainingがあります。主語の後にカンマ、空欄、through other subject matter、そしてカンマがあります。つまり、主語の後にカンマで区切られた何かがあるので、ここは同格ではないかと予想します。同格は名詞や名詞句ですので、（B）を選択すると、主語Content-based instructionに対する同格language learning through other subject matterを作ることができます。
　主語と動詞を確認するときは、同格にも注意しましょう。

解法4　節の数と接続詞の数を確認する

　英語の文には、少なくとも1つの主語とそれに対応する1つの動詞が必要です（➡解法2）。この主語と動詞のセットのことを「節」と言います。

　文法的な文を作るためには節が1つあれば十分なのですが、StructureやWritten Expressionで出題される問題には複数の節が含まれていることが多いので、主語と動詞を確認する場合には、すべての主語と動詞のセット、またはすべての節を確認することが大切です。

　文が複数の節を含む場合、節と節はなんらかの接続詞で結ばれます。ここで、以下の計算式を覚えてください。

　節の数 − 1 ＝ 接続詞の数

　この計算式を覚えておくと、問題文の中にいくつの節または接続詞が存在するべきか、を簡単に理解することができます。

例題

Although snails can protect themselves by retreating into their shells, ------- must give off a bad smell to repel predators.

　（A）and slugs' shells
　（B）but shells of slugs
　（C）slugs have no shells
　（D）without shells slugs

カタツムリは殻に引きこもることによって自らを守ることができるが、殻のないナメクジは悪臭を出して捕食動物を遠ざけなければならない。

正解…(D)

　例題にはまず、主語を snails、動詞を can protect とする節が1つあります。それに加えて、空欄の直後に must give off という動詞があります。動詞には対応する主語が必要ですから、空欄にはまずは主語が必要ということがわかります。また、そうだとするとこの問題文には節が2つあるということになりますので、節の数（2）− 1 ＝ 接続詞の数（1）となります。問題文に接続詞が存在するかを確認してみると、文頭の Although がありますので、空欄にはもう接続詞は不要、ということがわかります。そこで、空欄には主語になりうるものを入れることとと

解法 5

なります。(A) にはand、(B) にはbutという接続詞が含まれていますので、正解ではありません。(C) には接続詞がありませんし、slugs「ナメクジ」という主語になりそうな名詞がありますが、haveという動詞まで含まれてしまっていますので、正解ではありません。そこで、主語になりうるslugsを含んでおり、接続詞と動詞は含んでいない (D) が正解ということになります。

英語にはさまざまな種類の節や接続詞があります。節と接続詞の数を正確に確認するには、節と接続詞の種類を理解しておく必要があります (➡解法5、解法6、解法7、解法8)。

解法5　等位接続詞を理解する

英語にはさまざまな節や、節と節を結ぶ接続詞がありますが、最初に「等位接続詞」を確認します。

等位接続詞

節, and 節.	節、そして節。
節, so 節.	節、なので節。
節, or 節.	節、または節。
節, but 節.	節、だが節。
節, yet 節.※	節、だが節。

※等位接続詞の yet は but と同じ「だが」という意味。「まだ～ない」という副詞の yet と混同しないこと。

等位接続詞が節と節を結ぶときには、以下のルールがあります。
1. 等位接続詞は節と節の間に置かれる
2. 節と節を結ぶ等位接続詞の前にはカンマが置かれる

例題

The abacus was first used in ancient Iraq in 2700 BC, ------- merchants in Asia and Africa still commonly use it today.

　(A) even so
　(B) and
　(C) in which
　(D) because

そろばんは最初、紀元前2700年の古代イラクで使われ、アジアやアフリカの商人は今日でもそれをよく使っている。

正解…(B)

　例題には主語をThe abacus、動詞をwas ... usedとする節と、主語をmerchants、動詞をuseとする節の、2つの節があります。節が2つあるということは、接続詞が1つ必要ということですが（→解法4）、問題文には接続詞が見当たりませんので、空欄には接続詞が必要ということがわかります。選択肢はすべて接続詞ですが、空欄の前にカンマがあることから等位接続詞が必要であることがわかり、また意味の上でも無理がない（B）が正解になります。

解法6　副詞節を理解する

　節と節を結ぶ接続詞の2つ目が、副詞節を導く接続詞です。副詞節を導く接続詞は数が多いので、最初からすべてを暗記する必要はありません。まずは、よく出題される以下のものを覚え、後は実際に練習問題を解きながら覚えていくとよいでしょう。

副詞節を導く接続詞
【時間を表すもの】

after	〜した後で
before	〜する前に
since	〜して以来
until	〜するまで
when	〜するとき
while	〜する間

【理由を表すもの】

because	〜なので
since	〜なので
as	〜なので

解法6

【条件を表すもの】

if	もし〜ならば
unless	もし〜でないならば

【譲歩・対比を表すもの】

although	〜であるにもかかわらず
even though	〜であるにもかかわらず
though	〜であるにもかかわらず
even if	たとえ〜でも
while	〜とはいえ

　副詞節を導く接続詞の後につく節を、副詞節と言います。副詞節は、副詞節以外の節の動詞を修飾します（動詞を修飾するので、「副詞」節と呼ばれる➡解法21）。副詞節は、文の前半に置くことも後半に置くことも可能です。

例文① I have to go to the hospital before I go to school this morning.
　　　　　節①　　　　　　　　　　　節②＝副詞節
今朝は学校に行く前に病院に行かなければならない。

例文② Before I go to school this morning, I have to go to the hospital.
　　　　　　節①＝副詞節　　　　　　　　節②
今朝は学校に行く前に病院に行かなければならない。

　例文①も例文②も意味は変わりませんが、例文①では副詞節が文の後半に、例文②では文の前半に置かれています。例文②のように副詞節を文の前半に置く場合は、副詞節の後にカンマが置かれます。

例題

Acrylic paint has an advantage over watercolor and oil paint ------- fast-drying and water-resistant when dry.

　(A) because it is
　(B) so it
　(C) and is very
　(D) since it

水彩絵の具と油絵の具に対してアクリル絵の具の長所は、乾くのが早いことと乾いたときに耐

水性があることである。

正解…(A)

選択肢はすべて接続詞から始まっていますが、(B) のso と (C) のandは等位接続詞です (➡解法5)。等位接続詞が節と節を結ぶ場合は、等位接続詞の直前にカンマが必要ですので、(B) と (C) は正解ではありません。(A) のbecause と (D) のsinceはどちらも副詞節を導き、かつ理由を表す接続詞ですが、副詞節が成立するためには主語と動詞が必要ですのでit isが含まれている (A) が正解となります。

解法7　関係代名詞節を理解する

節と節を結ぶ接続詞の3つ目が、関係代名詞です。関係代名詞の後につく節のことを、関係代名詞節と言います。関係代名詞節は、名詞の直後に置かれ、その名詞を修飾します（名詞を修飾するため、関係代名詞節は「形容詞節」と呼ばれることもある➡解法21）。

例文① I can't understand the chapter.
　　　　私には、この章が理解できない。

例文② My professor asked me to read the chapter.
　　　　私の教授は、私にこの章を読むように言った。

例文①と例文の②のchapterは同じものです。つまり、例文②は、例文①のchapterをより詳しく説明しているということになります。こういう場合、接続詞である関係代名詞whichまたはthatを使うと、例文①と例文②、つまり2つの節を結んで例文③のように1つの文を作ることができます。

例文③ I can't understand the chapter **which/that** my professor asked me to read.
　　　　　　　　　　　　　　　　　　　　関係代名詞節
　　　　私には、私の教授が私に読むように言ったこの章が理解できない。

TOEFL頻出の関係代名詞は、次の表のとおりです。

解法 7

関係代名詞

説明される名詞	主格	目的格	所有格
人	who/that	whom/that	whose
人以外	which/that	which/that	whose

　主格の関係代名詞は、説明される名詞が、関係代名詞節の中の動詞の主語となっている場合に使います。

例文④ The professor is looking for a student.
　　　　その教授は学生を探している。

例文⑤ The student can help the professor.
　　　　学生は教授を助けることができる。

例文⑥ The professor is looking for a student **who/that** can help her (= the professor).
　　　　　　　　　　　　　　　　　　　　　　　　　関係代名詞節
　　　　その教授は彼女を助けることができる学生を探している。

　例文④と例文⑤の student は同じものですので、例文⑥のように関係代名詞を使って2つの文を結ぶことができます。この student は、例文⑥の関係代名詞節の中で、動詞 can help に対応する主語になっていますから、関係代名詞は主格の who または that を使います。

　目的格の関係代名詞は、説明される名詞が、関係代名詞節の中の動詞の目的語となっている場合に使います。例文③を参照してください。

　所有格の関係代名詞の直後には、必ず名詞が来ます。この名詞が、関係代名詞によって説明される名詞に所有されている関係にあります。

例文⑦ I have a classmate.
　　　　私にはクラスメートがいる。

例文⑧ The classmate's sister is an actress.
クラスメートの妹は女優だ。

例文⑨ I have a classmate **whose** sister is an actress.
　　　　　　　　　　　　　関係代名詞節
私には、妹が女優のクラスメートがいる。

　例文⑦と例文⑧のclassmateは同じものですので、例文⑨のように関係代名詞を使って2つの文を結ぶことができますが、例文⑧ではclassmateがsisterを所有している関係にあります。そこで、例文⑨では所有格の関係代名詞whoseを使い、その直後にsisterを置き、このsisterがclassmateによって所有されている関係を表しています。

例題

The cochlear implants ------- of hearing impaired people have received have allowed them to experience the sense of sound for the first time.
（A）so a large majority
（B）who are numerous
（C）enable most
（D）that a vast number

多くの聴力障害者が使っている人口内耳は、彼らが音の感覚を経験することを初めて可能にした。

正解…（D）

　問題文には主語のように見えるThe cochlear implantsがあり、これに対してhave receivedとhave allowedと動詞が2つあります。つまり、この問題文は2つの節から成り立っている可能性が高いのですが、だとすればこれらの2つの節を結ぶ接続詞が1つ必要です。また、空欄は名詞The cochlear implantsの直後にあることから、ここにはこの名詞を説明する関係代名詞節が入ることも予想できます。選択肢の中で関係代名詞を含んでいるのは（B）と（D）ですが、The cochlear implantsは人ではないので、（B）のwhoではなく（D）のthatが正しい関係代名詞ということになります。（D）を選択すると、主語をThe cochlear implants、動詞をhave allowedとする節と、主語をa vast number、動詞をhave receivedとする関係代名詞節が目的格の関係代名詞thatによって結ばれた文を作ることができます。

解法8　名詞節を理解する

　節と節を結ぶ接続詞の4つ目が、名詞節を導く接続詞です。名詞節とは、文中で本来名詞が来るべき場所に置かれる節のことです。「文中で本来名詞が来るべき場所」とは、主語、動詞の目的語、前置詞の直後、です。

主語となる名詞節
例文① What he said surprised me.
　　　　　名詞節(主語)　　動詞
　　　　彼が言ったことは私を驚かせた。

　例文①では接続詞What、主語he、動詞saidが名詞節を作り、動詞surprisedに対する主語になっています。

動詞の目的語となる名詞節
例文② I know why Thomas went to Europe.
　　　　主語 動詞　　名詞節(動詞の目的語)
　　　　私はなぜトーマスがヨーロッパに行ったのか知っている。

　例文②では接続詞why、主語Thomas、動詞wentが名詞節を作り、動詞knowの目的語となっています。動詞knowに対応する主語はIです。

前置詞の直後の名詞節
例文③ I am worried about whether my brother can pass the exam or not.
　　　　主語 動詞　　　前置詞　　　　名詞節(前置詞の直後)
　　　　私は、弟が試験に合格するかどうか心配だ。

　例文③にはaboutという前置詞が使われており、その直後に接続詞if、主語my brother、動詞can passから成る名詞節があります。
　TOEFLに頻出の名詞節を導く接続詞には以下のものがあります。

名詞節を導く接続詞

what	when	where
why	how	whether

if	that

　これらの接続詞には、疑問詞や、ほかの接続詞（副詞節を導く接続詞や関係代名詞）と重なっているものもあります。名詞節を導く接続詞かどうかを見分けるには、文のどの位置で使われているか、を考えるとよいでしょう。つまり、主語、動詞の目的語、前置詞の直後という、文中で本来名詞が来るべき場所で使われていれば、名詞節を導く接続詞である、と言うことができます。

例題

After the 2008 fire at Namdaemun, many disagreed about ------- finance the historical gate's restoration.
 (A) whether or not Seoul's
 (B) if Seoul
 (C) Seoul would be
 (D) how Seoul should

2008年の南大門での火事の後、どのようにソウルがこの歴史的な門の修復金を賄うかについて、多くの人々が異なる意見を持っていた。

正解…(D)

　例題には主語many、動詞disagreedがあり、その後に前置詞aboutがあって空欄となっています。空欄は前置詞の直後ですので、名詞や名詞の代わりになるものが空欄に入る可能性が高いことを予想しながら選択肢を確認すると、(D)は名詞節を導く接続詞howと名詞節の主語となるSeoul、そして助動詞shouldから成り立っていて、この助動詞は空欄直後の動詞 financeとともに名詞節の動詞となりえることがわかります。(B)のifも名詞節を導く接続詞になりえますし、Seoulは名詞節の主語のように見えますが、この主語は空欄直後の動詞financeと合致しません。(C)には主語Seoul、動詞would beがありますが、節と節を結ぶ接続詞が欠けています。

解法9　仮定法を理解する

　仮定法は、副詞節（➡解法6）の一種です。仮定法は、動詞が特別な形になることに加え、倒置（➡解法14）との関係でも重要です。

解法 9

　TOEFLに頻出の仮定法は、①助動詞shouldが使われる仮定、②現在の事実に反する仮定、③過去の事実に反する仮定、の3種類です。

①助動詞 should が使われる仮定
例文① If you should have any questions, please feel free to contact me.
　　　　もしも質問がありましたら、連絡してください。

　例文①で使われている助動詞shouldには本来の意味「〜すべき」はありません（➡解法19）。例文①と If you have any questions, please feel free to contact me. というshould抜きの文は同じ意味ということになります。

②現在の事実に反する仮定
例文② If I were a student, I would study diligently.
　　　　もし私が学生だったら、真面目に勉強するだろう。

　例文②は、現在の事実に反する仮定を述べています。つまり、実際には、「私は学生ではないので、真面目に勉強しない」という意味になります。現在の事実に反する仮定を表すには、if＋過去形（動詞がbe動詞の場合は主語が何であってもwereとなる）＋would＋動詞の原形、となります。

③過去の事実に反する仮定
例文③ If he had worked hard, he would have been promoted.
　　　　もし彼が一生懸命働いていたら、彼は出世しただろう。

　例文③は、過去の事実に反する仮定を述べています。つまり、実際には「彼は真面目に働かなかったので、出世しなかった」という意味になります。過去の事実に反する仮定を表すには、if＋had＋過去分詞＋would＋have＋過去分詞、となります。または、if＋過去完了形＋would＋現在完了形、と覚えてもいいでしょう。

例題

If a woman had a BRCA genetic mutation, ------- reduce her risk of getting breast cancer by up to 100%.
　(A) could a double mastectomy
　(B) a double mastectomy could

(C) that a double mastectomy could
(D) and it could be a double mastectomy

もし彼女にBRCA遺伝子の突然変異があったならば、両乳房切除手術は彼女の乳癌のリスクを100パーセント低減させることができたのだが。

正解…(B)

　例題では、文の前半がif節になっているので、カンマ以降にはもうひとつ節が必要であることがわかります。if節の動詞がhadと過去形になっていることから、現在の事実に反する仮定であることがわかりますので、仮定法の形を確認しながら(B)を選択すると、空欄以降に主語a double mastectomy、動詞could reduceから成る節を作ることができます。なお、仮定法で使われる助動詞にはwouldに加え、couldとmightがあります。
　仮定法は動詞が特別な形になるため理解するのが難しいのですが、現在や過去の事実に反する仮定を表すには仮定法を使わなければなりませんので、しっかり覚えておきましょう。

解法10　分詞構文を理解する（1）
縮約された副詞節

　分詞構文とは、簡単に言えば、現在分詞または過去分詞を使って文を簡略化することです。分詞構文にはさまざまな種類がありますが、TOEFLにおいては「縮約された副詞節」と「縮約された関係代名詞節」（➡解法11）さえ理解しておけば十分です。
　縮約された副詞節は、本来の副詞節（➡解法6）から主語とbe動詞を省略することで作ることができます。

例文① When you are helped by your colleagues, you should thank them.
　　　　　　　通常の副詞節
　同僚に助けてもらったときは、彼らにお礼を言うべきだ。

例文② When helped by your colleagues, you should thank them.
　　　　　縮約された副詞節

解法 10

縮約された副詞節を含む例文②では、例文①に含まれている通常の副詞節 When you are helped by your colleagues から主語の you と be 動詞の are が省略され、副詞節を導く接続詞の When と過去分詞 helped が残っています。副詞節が縮約されても、文の意味に違いはありません。

縮約された副詞節を作るときは、副詞節の主語が省略されてしまうので、もとの文で副詞節の主語と副詞節以外の節の主語が一致していることが必要です。

例文③ Brian tries not to make mistakes <u>when he does his homework</u>.
通常の副詞節
ブライアンは宿題をするとき、間違いを犯さないようにしている。

例文④ Brian tries not to make mistakes <u>when doing his homework</u>.
縮約された副詞節

例文③では副詞節の主語とそれ以外の節の主語がどちらも Brian ですので、縮約された副詞節を作ることができるはずですが、副詞節に be 動詞が含まれていません。このような場合は、もともとの副詞節の動詞を現在分詞に変化させ、例文④のように縮約された副詞節を作ります。結果として副詞節を導く接続詞の when と現在分詞 doing が残ることになります。

例題

------ shortly before sleep, the human body will experience an increase in glycogen that prevents the burning of fat during sleep.

(A) Ingesting carbohydrates if
(B) Although carbohydrates ingest
(C) When ingesting carbohydrates
(D) One who ingests carbohydrates

眠る直前に炭水化物を消化すると、体内のグリコーゲンが増加し、睡眠中の脂肪の燃焼を抑制する。

正解…(C)

例題にはすでに the human body を主語、will experience を動詞とする節がひとつありますので、空欄を含むカンマ以前の部分には接続詞と節を入れるか、節ではないものを入れるかということになります。(A) には if、(B) には Although、(D) には who という接続詞が含まれていますが、これらはすべて空

欄以降に文法的、意味的につながりませんので、縮約された副詞節である（C）を選択します。（C）が縮約されていなければ、When the human body ingests carbohydrates shortly before sleep, ... となります。

解法11 分詞構文を理解する（2）
縮約された関係代名詞節

　TOEFLで重要な分詞構文の2つ目は縮約された関係代名詞節です。縮約された関係代名詞節を理解するためには、まず関係代名詞節が何かを理解しておく必要があります（➡解法7）。
　縮約された関係代名詞節を作るためには、関係代名詞節を導く主格の関係代名詞とbe動詞を省略します。

例文① Jeff, who was elected as team leader, proposed many new ideas.
　　　　　　　通常の関係代名詞節
　　　チームリーダーに選ばれたジェフは多くの新しい考えを提案した。

例文② Jeff, elected as team leader, proposed many new ideas.
　　　　　　　縮約された関係代名詞節

例文③ Elected as team leader, Jeff proposed many new ideas.
　　　　　　縮約された関係代名詞節

　例文②では、縮約された関係代名詞節を作るために、例文①の通常の関係代名詞節who was elected as team leaderから主格の関係代名詞whoとbe動詞のwasが省略され、過去分詞electedが残っています。
　また、例文①のようにカンマで区切られた関係代名詞節を縮約した場合は、例文③のように縮約した関係代名詞を文頭に持ってくることも可能です。例文①〜③はすべて同じ意味です。

解法11

例文④ Liz, <u>who works for ABC Company</u>, will make a presentation at tomorrow's
　　　　　　通常の関係代名詞節
　　　conference.
　　　ABC会社で働くリズは明日の会議でプレゼンテーションを行う。

例文⑤ Liz, <u>working for ABC Company</u>, will make a presentation at tomorrow's
　　　　　　縮約された関係代名詞節
　　　conference.

　例文④の関係代名詞節にはbe動詞が含まれていません。このような場合は縮約された副詞節（➡解法10）と同じように、もとの動詞を現在分詞に変化させます。

例題

------- an elevation of 6,000 meters would likely suffer from severe altitude sickness or death.
（A）As climbers reach
（B）Climbers reaching
（C）Reaches the climbers at
（D）A reach by the climbers to

6000メートルの高さに到達した登山者は、深刻な高山病に苦しむか、死を迎える可能性が高い。

正解…（B）

　例題には動詞would ... sufferがありますので、とりあえず空欄にはこれに対応する主語が必要であることがわかります。主語になりうる名詞Climbersから始まり、そのClimbersを修飾する縮約された関係代名詞節を含む（B）が正解です。関係代名詞節が縮約されていなければ、Climbers who reach an elevation of 6,000 meters ... となります。

解法12 倒置に注意する（1）
場所を表す表現と倒置

　英語の文には必ず主語と動詞が必要ですが、通常は主語が先で動詞が後に来ます。しかし、特別な状況下では主語と動詞の順番が逆になることがあり、これを「倒置」と呼びます。

　倒置が起こる「特別な状況」には、「場所を表す表現」が文頭にある場合、があります。

例文① The key which you were searching for is here.
　　　　　主語　　　　　　　　　　　　　　　　　動詞　場所を表す表現
　　　あなたが探していた鍵はここにあります。

　例文①には、場所を表す表現hereがありますが、文末に置かれているので倒置は起こらず、主語The keyが動詞isより先に来る、通常の語順になっています。

例文② Here is the key which you were searching for.
　　　場所を表す表現　動詞　主語
　　　ここにあなたが探していた鍵があります。

　例文②では、動詞isが主語the keyよりも前に来ています。場所を表す表現Hereが文頭に置かれているため、倒置が起こっています。

例題

------- have only seven players, about half of the usual number, except in the Olympic games.

　(A) Nowhere do rugby teams
　(B) The rugby teams nowhere
　(C) Nowhere are there rugby teams
　(D) There are rugby teams nowhere

オリンピックの試合以外の場所では、ラグビーのチームに通常の約半分の人数である7人の選手しかいないということはありえない。

正解…(A)

　まず、選択肢のすべてにNowhereやThereといった場所を表す表現が入ってい

ること、しかも（A）と（C）ではこれらの場所を表す表現が文頭に来ることを確認し、倒置を予想します。（A）を選択すると、Nowhereが文頭にあり、その後に動詞do、主語rugby teamsと、倒置が起こっているので正解となります。なお、倒置が起こる状況で、この例題のように動詞が一般動詞で1語の場合、倒置をするときにはdo、does、didが必要となります。つまり、例題のように、Nowhere do rugby teams have only seven players, ... となるのであり、Nowhere have rugby teams only seven players, ... とはならないことに注意しましょう。

解法13 倒置に注意する（2）
否定表現と倒置

　主語と動詞の倒置が起こる2つ目の状況は、否定表現が主語と動詞より前に置かれている場合です。

例文① Professor Schmitz has never made a mistake.
　　　　　主語　　　　動詞　否定表現　動詞
シュミッツ教授は1度も間違いを犯したことがない。

　例文①には否定表現neverがありますが、主語Professor Schmitzが否定表現より前に置かれているため、主語と動詞has madeの倒置はありません。

例文② Never has Professor Schmitz made a mistake.
　　　　否定表現　動詞　　　主語　　　　動詞

　例文②は例文①と意味は変わらないのですが、例文②では否定表現が主語と動詞よりも前に置かれているため倒置が起こっています。倒置が生じる場合、動詞のすべて、つまり has made が主語より前に来るのではなく、動詞の最初の部分である has のみが前に来て、残りは本来の位置に残ることに注意してください。

TOEFL 頻出の否定表現

no	not	never
nowhere	neither A nor B	

ここで紹介した否定表現に加え、英語には否定表現に見えないのに否定の意味を持っている表現があります。これらも否定表現として扱われ、主語と動詞より前に置かれた場合は倒置が起こりますので、注意しましょう。

否定の意味を持っている表現

barely	hardly	rarely
seldom	scarcely	only

例題

------- of literature have as many renditions in a multitude of different genres as Hans Christian Andersen's 1846 short story "The Little Match Girl."
（A）Seldom pieces
（B）A piece seldom
（C）Seldom does a piece
（D）Pieces which seldom do

ハンス・クリスチャン・アンデルセンの1846年の短編『マッチ売りの少女』ほど、多くの異なる分野で異なる解釈をされてきた文学作品はめったにない。

正解…（C）

　選択肢すべてにseldom「めったに〜ない」という否定の意味を持っている表現が含まれており、さらに（A）と（C）ではそれが文頭に来ていることから、倒置を予測します。（C）を選択すると、否定の意味を持つ表現から始まり、主語と動詞が正しく倒置されている文を作ることができます。動詞haveが一般動詞で1語なので、倒置を行う場合、doesが必要になることに注意しましょう。

解法14　倒置に注意する（3）
仮定法と倒置

　主語と動詞の倒置が起こる3つ目の状況は、ある種の仮定法が使われている場合です。ある種の仮定法とは、
1. 接続詞ifのある節（条件を表す副詞節）にshould、were、hadが使用されており、

解法 14

2. 接続詞ifが省略されている
場合の仮定法です（➡解法9）。

例文① If you should have any questions, please feel free to contact me.
　　　　　主語　　動詞
　　質問がありましたら、連絡してください。

例文② Should you have any questions, please feel free to contact me.
　　　　動詞　主語　動詞

　例文①では接続詞ifのある節にshouldが使われています。この種類の仮定法は、ifを省略し、倒置をして例文②のように書き換えることができます。例文①と例文②の意味は変わりません。

例文③ If I were a student, I would study diligently.
　　　　　主語　動詞
　　もし私が学生だったら、真面目に勉強するだろう。

例文④ Were I a student, I would study diligently.
　　　　動詞　主語

　例文③では接続詞ifのある節にwereが使われています。この種類の仮定法は、ifを省略し、倒置をして例文④のように書き換えることができます。

例文⑤ If he had worked hard, he would have been promoted.
　　　　　主語　　動詞
　　もし彼が一生懸命働いていたら、彼は出世しただろう。

例文⑥ Had he worked hard, he would have been promoted.
　　　　動詞　主語　動詞

　例文⑤では接続詞ifのある節にhadが使われています。この種類の仮定法は、ifを省略し、倒置をして例文⑥のように書き換えることができます。

例 題

------ been equipped with enough lifeboats, the number of fatalities would have

been far fewer when the ship sank in 1912 after a collision with an iceberg.
（A）The Titanic should
（B）The Titanic had
（C）If the Titanic
（D）Had the Titanic

タイタニック号が十分な救命ボートを装備していたならば、1912年にそれが氷山に衝突して沈んだとき、死亡者の数はずっと少なかっただろう。

正解…（D）

問題文にwould have beenとあることから、過去の事実に反する仮定を疑います。過去の事実に反する仮定だとすれば空欄はIf the Titanic had ...となるはずですが、このような選択肢は存在しません。そこでifを省略したことによる倒置を考えてみると（D）を選択することができます。

接続詞ifのある節にshould、were、hadが含まれている仮定法でも、常にifを省略する必要はありませんし、ifを省略しなければ倒置が起こることもありません。しかし、ifを省略することによって倒置が起こっている問題文がTOEFLではよく出題されますので慣れておきましょう。

解法15　可算名詞と不可算名詞を区別する

英語の名詞には可算名詞と不可算名詞があります。代表的な不可算名詞には物質名詞、抽象名詞、固有名詞などがあります。

同じ名詞が状況によって可算名詞と扱われたり不可算名詞と扱われたりすることもあるため、ある名詞が可算名詞か不可算名詞かは最終的には辞書を引いて確認し、時間をかけて覚えていかなければなりませんが、TOEFLでは可算名詞か不可算名詞かの区別がはっきりしないものは出題されませんので、頻出の不可算名詞だけ覚えておきましょう。

TOEFL頻出の不可算名詞

advice	忠告	baggage/luggage	荷物
clothes	衣類	damage	被害
equipment	道具	fun	楽しみ
furniture	家具	help	支援

解法 15

honesty	正直	information	情報
knowledge	知識	machinery	機械
mail	郵便	money	お金
music	音楽	news	ニュース
peace	平和	recognition	認識
research	研究	violence	暴力
vocabulary	語彙	weather	天気
work	仕事		

　可算名詞と不可算名詞の問題は主にWritten Expressionで出題されます。名詞に下線が引いてあったら、必ずその名詞が可算名詞か不可算名詞かを確認し、付近にある数量表現との一致に注意しましょう。なぜなら、数量表現には可算名詞としか使えないもの、または不可算名詞としか使えないものがあるからです。

可算名詞に使われる数量表現

many	多数の	a few	少数の
few	少数の〜しかない	fewer	より少数の
a couple of	いくつかの	a number of	多数の
several	いくつかの		

不可算名詞に使われる数量表現

much	大量の	an amount of	大量の
a little	少量の	little	少量の〜しかない
less	より少量の		

例題

According to recent findings, the amount of Nazi concentration camps during
　　　　　　A　　　　　　　B
World War II was far greater than previously thought.
　　　　　　　　　　C　　　　　　D
最新の知見によると、第二次世界大戦中のナチスの強制収容所の数は、以前考えられていたよりずっと多かった。

正解…(B) the number of

　(B)のthe amount ofは不可算名詞に使われる数量表現ですが、ここではNazi

concentration campsという可算名詞と使われています。よって、(B)は可算名詞に使われる数量表現であるthe number ofに修正する必要があります。

解法16 単数名詞と複数名詞を区別する

　可算名詞には、単数形と複数形があります。通常の可算名詞であれば、単数形の語尾に-sまたは-esをつけることによって複数形を作ることができます。単数名詞と複数名詞の区別に関わる問題は主にWritten Expressionで出題されます。

例題

Contrary to popular belief, a coat of arms are never based on the family name,
　　　A　　　　　　　　　　　　　　　　B　　　　　　　　　　C
and only given to an individual.
　　　　　D

一般に信じられているのとは反対に、紋章は家名に対して与えられることは決してなく、個人にのみ与えられるものである。

正解…(B) is never

　例題の主語は単数形のa coatですが、これに対する動詞が(B)are ... と複数形になっているので、単数形であるisに修正します。a coatの直後にあるof armsの複数形に影響されないようにしましょう。
　単数名詞と複数名詞についてもうひとつ気をつけなければならないのは、不規則な複数形を持つ名詞です。TOEFLに頻出のものとしては以下があります。

TOEFL頻出の不規則な複数形を持つ名詞

単数形	複数形	
analysis	analyses	分析
curriculum	curricula	カリキュラム
focus	foci	焦点
hypothesis	hypotheses	仮説
man	men	男
moose	moose	ヘラジカ
person	people	人

phenomenon	phenomena	現象
salmon	salmon	サケ
sheep	sheep	ヒツジ
synthesis	syntheses	合成
tooth	teeth	歯

解法 17　代名詞に注意する

　代名詞は、その名前のとおり、名詞の代わりをする単語です。英語には多くの代名詞がありますので、復習しておきましょう。

代名詞

主格代名詞	所有格代名詞	目的格代名詞	所有代名詞	再帰代名詞
I	my	me	mine	myself
you	your	you	yours	yourself / yourselves
he	his	him	his	himself
she	her	her	hers	herself
it	its	it	―	itself
we	our	us	ours	ourselves
they	their	them	theirs	themselves

主格代名詞：主語となる
所有格代名詞：名詞の直前につき、その名詞の所属を表す
目的格代名詞：動詞の目的語となる
所有代名詞：1語で、「私のもの」、「あなたのもの」などという意味を表す
再帰代名詞：「〜自身」という意味を表す

　代名詞の問題は主にWritten Expressionで出題されます。代名詞に下線が引いてある場合、まずは正しい種類の代名詞が使われているかを確認します。

解法 17

例題 ①

Patients with diabetes have either low or no natural production of insulin in them
　　A　　　　　　　　　　　　　　　　　　　　　　　　　　　　　　　　　B
bodies and therefore often require insulin therapy to survive.
　　　　　　　　　　　　　C　　　　　　　　　　　　　D

糖尿病患者が彼らの体内で自然に分泌するインスリンの量は少ないかまったくないかなので、彼らは生きていくためにしばしばインスリン療法を必要とする。

正解…(B) their

　例題①では、目的格代名詞themに下線 (B) が引かれています。しかし、その直後を見るとbodiesという名詞があり、目的格代名詞と名詞がつながりません。また、文の意味から考えても「彼らの体内」という意味になるべきですので、所有格代名詞theirに修正します。
　代名詞の種類が正しい場合、次に代名詞の指示対象を見つけ、代名詞とその指示対象の一致を確認します。代名詞の指示対象とは、代名詞が指し示している内容のことです。

例題 ②

Among their many tourist attractions, Hawaii Island often has ski slopes open two
　　　A　　　　　　　　　　　　　　　　　　　　　　B　　　　　　　　C
to three months a year.
　　　　　　D

ハワイ島のたくさんの観光名所の中で、年に2、3カ月営業するスキー場はポピュラーなものだ。

正解…(A) its

　例題②では、代名詞theirに下線 (A) が引かれています。theirの後には名詞tourist attractionsがありますから、この代名詞が所有格代名詞であることは正しいと言えます。次に、theirが何を指示しているかを確認すると、Hawaii Islandであることがわかります。しかし、Hawaii Islandは単数形ですので、数を一致させるためitsに修正します。

解法18 動詞の時制に注意する

英語にはさまざまな時制がありますが、TOEFLに頻出の時制は、①完了形、②進行形の2つです。

①完了形

特にWritten Expressionで気をつけておかなければならないのは、「現在完了形」と「過去完了形」です。

【現在完了形】

過去のある時点に始まり、現在までに完了した状態の行為を表します。have/has + 過去分詞が使われます。

例文① I have already seen that movie.
　　　私はすでにその映画を見ました。

例文①は、過去のある時点で始まった「私がその映画を見る」という行為が、現在までに完了した状態であることを表しています。

【過去完了形】

過去のある時点（より古い過去）に始まり、過去のある時点（より新しい過去）までに完了した状態の行為を表します。had + 過去分詞が使われます。

例文② By the time his father came home, he had finished his homework.
　　　彼の父が帰宅したときには、彼は宿題を終わらせていた。

例文②は、より古い過去に始まった「彼が宿題をする」という行為が、より新しい過去である「彼の父が帰宅したとき」までに完了した状態であったことを表しています。

例 題

Since the Spaniards introduced Catholicism to the Americas, the natives still
　　　　　　　　　　　　A　　　　　　　　　　　　　　　B

<u>have maintain</u> some facets of their traditional <u>beliefs</u> and languages.
　　　C　　　　　　　　　　　　　　　　D

スペイン人がカトリック信仰をアメリカにもたらした後、先住民は現在でも彼らの伝統的な信仰や言語の一部を維持している。

正解…(C) have maintained

　例題では、下線部（C）にhaveとmaintainという2つの原形の動詞が含まれています。動詞の原形が2つ並ぶということはありませんので、2つ目の動詞をmaintainedと過去分詞に修正し、現在完了形を作ります。

②進行形

　be動詞＋現在分詞で、ある時点において進行中の動詞を表します。過去、現在、未来の違いはbe動詞を変えることによって表現します。

例文③ 過去進行形

　I <u>was</u> <u>talking</u> on the phone when my mother came home last night.
　　　　　　現在分詞
　昨晩母が帰宅したとき、私は電話で話していた。

例文④ 現在進行形

　I <u>am</u> <u>eating</u> breakfast right now.
　　　　　現在分詞
　私は今、朝食を食べている。

例文⑤ 未来進行形

　I <u>will be</u> <u>studying</u> in a language school next year.
　　　　　　　現在分詞
　私は来年、語学学校で勉強しているだろう。

　Written Expressionで動詞haveが下線に含まれていて、その直後にほかの動詞がある場合はそれが過去分詞になっていることを、be動詞が下線に含まれていて、その直後にほかの動詞がある場合は現在分詞になっていることを確認するようにしましょう。

解法 19 助動詞の後の動詞に注意する

　助動詞は、単独で使われることはなく常にほかの動詞の前につき、その動詞になんらかの意味を追加します。

TOEFL 頻出の助動詞

can	～できる
could	canの過去形
may	～してもよい、～するかもしれない
might	～するかもしれない
will	～するだろう
would	willの過去形
should	～するべきだ
must	～しなければならない
have to	～しなければならない

　TOEFLでは助動詞そのものについて尋ねる問題はあまりなく、助動詞の後に来る動詞の形について尋ねる問題がほとんどで、主にWritten Expressionで出題されます。助動詞の後に来る動詞は常に原形になる、というルールを確認しておきましょう。

例題

Falling Water, owned by the wealthy Kaufmann family of Pittsburgh, could
　　　　　　　　A　　　　　　　　　　　　　B
is considered one of Frank Lloyd Wright's greatest architectural feats.
　C　　　　　　　　　　　　　　　　　　　　　　D

ピッツバーグの資産家であるカウフマン家所有の「落水荘」は、フランク・ロイド・ライトのもっとも素晴らしい建築上の功績のひとつであると考えることができる。

正解…(C) be considered

　下線（C）の前に助動詞couldがありますので、be動詞をisから原形に戻し、be consideredと修正します。なお、ここで使われている助動詞couldはcanの過去形ではなく、「もしかして～できるのではないだろうか」という「推量」の意味を表します。

解法20 受動態に注意する

能動態と受動態という、2つの「態」について確認しましょう。

文の主語が、動詞の行為を行っている場合を「能動態」と言います。反対に、文の主語が動詞の行為を行っているのではなく、その行為の結果を受ける場合は「受動態」と言います。受動態は、動詞をbe動詞＋過去分詞にすることによって作ることができます。

例文① 能動態
Susanna helped Justin.
スザンナはジャスティンを助けた。

例文② 受動態
Justin was helped by Susanna.
ジャスティンはスザンナによって助けられた。

受動態を作るためには、動詞は例文①で使われているhelpのように他動詞でなければいけません。つまり、自動詞は受動態にすることができません。

受動態の時制はbe動詞の時制によって表されます。例文②の受動態でbe動詞がwasと過去形になっているのは、もとになった例文①の能動態が過去形だからです。例文①でも例文②でもhelpedが使われていますが、例文①のhelpedは動詞helpの過去形であるのに対し、例文②のhelpedは過去分詞であることに注意してください。なお、例文②にあるように、受動態においては、行為の主体は前置詞byによって表されますが、必ずしも行為者が誰かを表現しなければいけないわけではありません。むしろ、行為者が誰かわからないときや、わかっていてもそれが重要でないような場合にこそ受動態が使われるのです。

TOEFLでは、能動態と受動態の意味の違いと、受動態の形を理解しておくことが重要です。

例題

Despite cold, harsh winters, the northern continental United States has been know
　　　　　　A　　　　　　　　　　　　　　　　　　　　　　　　　　　　　B
to reach temperatures above 100 degrees Fahrenheit in the summer.
　　　　　C　　　　　　　　　　　　　　　　　　　　　D

冬は寒く過酷なのだが、米国の北大陸部では夏には気温が華氏100度に達することが知られている。

正解…(B) has been known

下線（B）が引かれている、動詞の部分に注目してください。時制は現在完了形でbe動詞の過去分詞beenが含まれておりその直後に別の動詞knowがあります。意味を考えると「…と知られている」という受動態が必要ですので、原形になっている動詞knowを過去分詞knownに修正します。

解法21　形容詞と副詞を区別する

形容詞と副詞はまったく異なる品詞ですが、どちらもほかの単語を修飾する機能を持つためか、区別が難しく感じられることがあります。形容詞と副詞それぞれの基本的な特徴を整理しておきましょう。

まず形ですが、形容詞はその単語が形容詞であることを表す、以下のような接尾辞で終わることがよくあります。ただし、すべての形容詞にこのような接尾辞がつくわけではありません。

形容詞であることを表す接尾辞

-able	-ible	-ive
-ful	-ic	-ical
-ish	-al	-less
-like	-eous	-ous
-word	-wide	

多くの場合、形容詞に-lyという接尾辞をつけると副詞になります。たとえば、beautifulという形容詞に-lyをつけてbeautifullyとすると副詞です。ただし副詞についても、すべての副詞に-lyがつくわけではありませんし（fast, veryなども副詞です）、-lyがついている単語が常に副詞というわけでもありません。-lyがついているのに形容詞である単語はTOEFLでよく出題されます。

接尾辞 -ly を持つ形容詞

| friendly | 友好的な | lovely | 愛らしい |

daily	毎日の	lively	元気な
weekly	毎週の	lonely	孤独な
monthly	毎月の	silly	ばかげた
yearly	毎年の	ugly	醜い
early	早い	costly	高価な
elderly	年配の	curly	ねじれた
likely	〜しそうな	deadly	命取りになる

　次に機能についてですが、形容詞が名詞のみを修飾するのに対し、副詞は動詞・形容詞・ほかの副詞を修飾します。

例文① He is a noisy child.
　　　　　　　形容詞 名詞

　彼はやかましい子どもだ。

例文② The child sipped his tea noisily.
　　　　　　　　動詞　　　　　　副詞

　その子どもは音を立ててお茶をすすった。

例文③ The child is very noisy.
　　　　　　　　　副詞 形容詞

　その子どもはとてもやかましい。

例文④ The child has been very well trained.
　　　　　　　　　　　　　副詞 副詞 形容詞

　その子どもは大変素晴らしくしつけられている。

　例文①では、形容詞noisyが名詞childを修飾しています。例文②では、副詞noisilyが動詞sippedを修飾しています。例文③では、副詞veryは形容詞noisyを修飾しています。そして例文④では、副詞veryがまずほかの副詞wellを修飾し、副詞wellがさらに形容詞trainedを修飾している、という構造になっていま

解法 21

す。

　最後に、形容詞と副詞のそれぞれが文中のどの場所に置かれるかを確認しておきましょう。形容詞は修飾する名詞の直前か、連結動詞の後に置かれます。連結動詞というのは特別な動詞で、代表はbe動詞です（➡解法22）。これに対し、副詞は文中のさまざまな場所に置くことができます。ただし、他動詞とその目的語の間に割って入ることはできないので注意しましょう。

　以下に、形容詞と副詞の違いをまとめます。

形容詞と副詞の違い

	形	機能	文中の場所
形容詞	特定の接尾辞を持つことがある	名詞を修飾する	名詞の直前または連結動詞の後
副詞	形容詞＋-ly	動詞・形容詞・ほかの副詞を修飾する	文中のさまざまな場所

例題

Having a B vitamin deficiency can cause a variety of symptoms ranging
　　　A　　　　　　　　　　　　　B
from mild lethargy and mood swings to permanently nerve damage.
　　　　C　　　　　　　　　　　　　　　D

ビタミンB欠乏症は、軽い倦怠感や気分変動から永続的な神経障害までのさまざまな症状の原因となることがある。

正解…(D) permanent

　(D) のpermanently「永続的に」は-lyという接尾辞がついていますので副詞です。しかし、(D) が修飾しているのはnerve damage「神経障害」という名詞ですので、-lyを取ってpermanent「永続的な」という形容詞に修正します。

解法22 連結動詞と形容詞の関係に注意する

　形容詞と副詞の区別に関して確認したように（➡解法21）、通常であれば、形容詞は名詞の近くに、副詞は動詞の近くに置かれます。

　しかし、問題文に「連結動詞」という特別な種類の動詞が使われていると、その後には副詞ではなく形容詞が必要になります。TOEFL頻出の連結動詞には次のものがあります。

連結動詞

appear	〜のように見える
be	〜である
become	〜になる
feel	（触れると）〜に感じる
look	〜のように見える
seem	〜のように見える
smell	〜の匂いがする
taste	〜の味がする
prove	〜と証明する

　音と意味がよく似ているbe動詞とbecomeのグループ、「感覚動詞」と呼ばれることもある五感に関係する動詞appear、feel、look、seem、smell、tasteのグループ、そして最後にいずれにも属さない動詞prove、と3つに分類すると覚えやすいでしょう。

例題

Drivers' use of voice-activated technology is proving more dangerously
　　　　A　　　　　　　　　　　　　　　　　　　　　B
than operating handheld devices because of the increased level of cognitive
　　　　　　　　　　C　　　　　　　　　　D
distraction.

運転手の認識力を散漫とさせる度合いが高まるため、音声作動式のテクノロジーの使用は、手で持って操作する機器より危険であると証明されつつある。

正解…(B) proving more dangerous

例題では、下線部（B）に連結動詞proveが含まれています。連結動詞の後には必ず形容詞が必要ですが、ここではdangerouslyという副詞になっていますので、これをdangerousと修正します。

連結動詞と形容詞の関係については主にWritten Expressionで出題されます。問題文で連結動詞を見つけたら、必ずその後に形容詞があることを確認するようにしましょう。

解法23　分詞形容詞に注意する

英語には、現在分詞と過去分詞の2つの分詞があります。

現在分詞は動詞に-ingをつけたもの、過去分詞は動詞に-edをつけたものです（ただし、不規則動詞の過去分詞は特別な形を取ります）。

分詞は、進行形（be動詞＋現在分詞）や完了形（have/has＋過去分詞）、受動態（be動詞＋過去分詞）などにおいて動詞の一部として使われることが多いのですが、形容詞としても使われることがあります。これを「分詞形容詞」と言います。

例文① He was surprised by the breaking news.
　　　　　　　　　　　　　　　形容詞（現在分詞）名詞

彼はそのニュース速報に驚いた。

例文② He has a broken arm.
　　　　　　　形容詞（過去分詞）名詞

彼は腕を骨折している。

例文①では、動詞breakの現在分詞breakingが形容詞として名詞newsを修飾しています。それに対し例文②では、動詞breakの過去分詞brokenが形容詞として名詞armを修飾しています。

現在分詞と過去分詞がどちらも形容詞として使われるのであれば、2つの分詞はどのようにして使い分けられるのでしょうか。動詞breakには「～を壊す」という基本的な意味のほかに、「突然発生する」という意味がありますが、例文①

では、分詞形容詞が修飾している名詞 news が、分詞形容詞が意味する行為 break の主体です。つまり、news が break「突然発生した」のです。このような場合には現在分詞を使います。それに対して例文②では、分詞形容詞が修飾している名詞 arm は、分詞形容詞が意味する行為の主体ではなく、受け手です。つまり、arm は broken「壊された（折られた）」のです。このような場合は過去分詞を使います。受動態で過去分詞を使うことを思い出すと覚えやすいでしょう（➡解法20）。

TOEFL では、2つの分詞形容詞の使い分けについてよく出題されます。分詞形容詞の使い分けに関する問題に正解するためには、その分詞形容詞が行為の主体なのか受け手なのか、問題文の意味を正確に理解する必要があります。

例題

The newly discovering strain of bird flu called H7N9 is seemingly a mixture of
　　　　　　A　　　　　　　　　　　　B　　　　　　　C
genes from three other strains of bird flu.
　　　　　　　　D

H7N9と呼ばれる、新たに発見された鳥インフルエンザの型は、ほかの3つの鳥インフルエンザの型の遺伝子が混ざり合ったもののようだ。

正解…(A) discovered

Written Expression で、分詞形容詞に下線が引かれている場合は、必ず注意して確認するようにしましょう。問題文の意味を確認すると、「H7N9と呼ばれる鳥インフルエンザの型」は「発見された」のであり、それが何かを「発見する」のではないことがわかります。つまり、strain of bird flu は discover という動詞の主体ではなく受け手ですので、この分詞形容詞は現在分詞 discovering ではなく、過去分詞 discovered に修正します。

解法24　比較級と最上級を区別する

比較級と最上級は、形容詞や副詞を使って比較をするときに使われます。比較級は2つのものを比較し、最上級は3つ以上のものを比較します。

解法24

比較級と最上級

	短い形容詞／副詞	長い形容詞／副詞
比較級	形容詞／副詞＋-er＋than	more＋形容詞／副詞＋than
最上級	the＋形容詞／副詞＋-est	the most＋形容詞／副詞

「短い形容詞／副詞」とは、音節が2つ以下の形容詞や副詞です。「長い形容詞／副詞」とは、音節が3つ以上の形容詞や副詞です。

例文① 比較級

Mary is taller than her sister.
メアリーは彼女の姉より背が高い。

例文①は、メアリーと姉の2人を比べているため比較級となり、また使用されている形容詞tallが音節1つの短い形容詞であるためtaller thanとなっています。

例文② 最上級

Mary is the tallest student in her class.
メアリーは彼女のクラスでもっとも背が高い生徒だ。

例文②は、メアリーとクラス中の生徒を比べているため最上級となります。

不規則な比較級・最上級を持つ形容詞や副詞もあるので確認しておきましょう。

不規則な比較級・最上級

	比較級	最上級
good/well	better	best
bad/badly/ill	worse	worst
little	less	least

例題

A hydrangea growing in soil with a lot of aluminum will be bluest than
　　　　　　　A　　　　　　　　B　　　　　　　　　C

one growing in soil with scant traces of the metalloid.
                                    D
大量のアルミニウムが含まれた土で育ったアジサイは、半金属がほとんど含まれていない土地で育ったアジサイより青い。

正解…(C) be bluer

　比較されているのは2種類のアジサイですので、最上級ではなく比較級が必要です。(C) のbluestは最上級ですので、比較級bluerに修正します。(C) の直後にあるthanも、最上級ではなく比較級が求められていることのヒントになるでしょう。

解法25　冠詞に注意する

　英語にはa、an、theという3つの冠詞があります。aとanは「不定冠詞」、theは「定冠詞」と呼ばれ、名詞の前につきます。
　不定冠詞は、初めて話題に挙がる単数名詞につき、「ある1つの」という意味になります。定冠詞は、話し手と聞き手の双方が特定可能な名詞につき、「この、あの、その」という意味を持つか、そもそも1つしか存在しない名詞につきます。
　冠詞の存在は英語という言語の大きな特徴であり、英語をマスターする上で、冠詞を自由に使いこなせるようになることはとても重要ですが、冠詞がない日本語を母語とする私たちにはなかなか難しいことです。TOEFLでは冠詞の細かいルールについて尋ねるような問題はめったに出題されませんので、基本的なルールだけ押さえておきましょう。
　最初に覚えておかなければならないのは、可算名詞の単数形には必ず冠詞がつく、というルールです。実際には、特に慣用句などでこのルールが守られないことも多いのですが、TOEFLのWritten Expressionではこのルールはとても重要です。

例題

Google Glass is a hands-free smartphone that is worn like glasses and
                    A   B
accesses Internet via voice commands.
         C   D

グーグル・グラスは眼鏡のように掛け、音声命令によってインターネットにアクセスする、ハンズフリーのスマートフォンである。

正解…(C) accesses the Internet

例題では、下線部（C）に含まれている Internet という単語に定冠詞の the が必要となります。インターネットという概念は世界にひとつしかないと捉えられているためです。

次に覚えておかなければならないのは、不定冠詞の a と an の使い分けです。不定冠詞がつく名詞が子音で始まる場合には a、母音で始まる場合は an をつけるというルールはご存じだと思います。母音とは a、e、i、o、u、そして子音はそれ以外の音のことです。ただし、気をつけなければならないのは、ここでいう「母音」や「子音」とは「発音」のことであり「つづり」とは関係がないということです。

たとえば、university [jùːnɪvə́ːrsəti] という単語のつづりは母音字である u から始まっていますが、発音は子音から始まるので不定冠詞は a をつけて a university となります。逆に、hour [áʊər] という単語のつづりは子音字 h から始まっていますが、発音は母音から始まるので不定冠詞は an をつけて an hour となるのです。

解法26　前置詞に注意する

前置詞に関する問題は、主に Written Expression で出題されます。TOEFL 対策としては以下の2種類の問題に注意しておけば十分と言えます。
1. 前置詞が必要な場所に前置詞がない
2. 誤った前置詞が使われている

例題

On the age of digital technology, the music industry has seen a decrease
　　A　　　　　B

in album sales and an increase in individual song downloads.
　　C　　　　　　　　　　　　D

デジタル技術の時代においては、音楽業界ではアルバムの売り上げが減少し、個々の楽曲のダウンロードが増加している。

正解…(A) In the age

「〜の時代においては」という表現は、in the age of ... となります。したがって、下線部（A）に含まれている前置詞OnはInに修正します。

　TOEFLのWritten Expressionで出題される前置詞の問題は決して難しくはありませんが、特に前置詞が必要な場所に前置詞がない場合、意識して問題文を分析していかなければそもそも間違いに気づくことができません。前置詞の問題が出題される可能性があることを常に意識して問題に取り組みましょう。

解法27　並列構造に注意する

　1つの文の異なる場所で、同じ種類の品詞・句・節を使うことを「並列」と言います。英語では、特定の接続詞や接続表現の前後に並列が必要な場合があります。

① and、but、or の前後に来る表現

例文① I want a girlfriend who is kind or funny.
　　　　　　　　　　　　　　　　　　　形容詞　　　形容詞
　　　　私はやさしいかおもしろい彼女がほしい。

例文② He is not a student but a teacher.
　　　　　　　　　　　　名詞　　　　　名詞
　　　　彼は学生ではなく、教師である。

例文③ I'm concerned about what he says and what he does.
　　　　　　　　　　　　　　　　　名詞節　　　　　　　名詞節
　　　　私は彼が何を言い、何をするかを心配している。

② both A and B, either A or B, neither A nor B, not only A but (also) B という表現における A と B

例文④ I like both dancing and singing.
　　　　　　　　　　　動名詞　　　動名詞
　　　　私は踊ることも歌うことも好きだ。

解法 27

例文⑤ You should be able to find the book either <u>in my bag</u> or <u>on my desk</u>.
　　　　　　　　　　　　　　　　　　　　　　　前置詞句　　　　　前置詞句
　　　その本は、私のバッグの中か私の机の上にあるはずだ。

例文⑥ Neither <u>my brother</u> nor <u>my sister</u> is at home right now.
　　　　　　　　　名詞　　　　　　名詞
　　　私の兄も姉も今、家にいない。

例文⑦ Mark not only <u>passed</u> all the tests but also <u>won</u> the first prize in the music
　　　　　　　　　　　　動詞　　　　　　　　　　　　　動詞
　　　competition.
　　　マークはすべての試験に合格しただけでなく、音楽コンクールで1位にもなった。

例 題

The Baroque period was responsible for both <u>tonality</u> in music and <u>established the</u>
　　　　　　　A　　　　　　　　　　　　　B　　　　　　　　　　　C　　　　　　D
genre of opera.
バロック時代は、音楽の調性とオペラというジャンルの確立に貢献した。

　　　　　　　　　　　　　正解…(D) establishing the / the establishment of the

　　例題には、both A and Bという表現が含まれていますので、AとBが並列になっていることを確認する必要があります。Aに当たるのはtonality in musicという名詞句ですが、Bはestablished the genre of operaと動詞を含んでいますので、establishing the genre of operaまたはthe establishment of the genre of operaと修正し、Bに当たる部分にも名詞句を作ります。
　　並列は主にWritten Expressionで出題されます。並列構造を要求する接続詞や接続表現にさえ気をつけていれば比較的簡単に正解できますので、見逃さないよう注意しましょう。

解法28　語彙問題に注意する（1）

　Written Expressionでは、文法に関する知識を試す問題だけでなく、語彙に関する問題も出題されます。ここからは語彙問題の頻出パターンを確認していきます。

「人」と「物」の区別

　英語には、poet「詩人」とpoem「詩」、authority「権力者」とauthorization「承認」など、語幹が同じで、発音やつづりが似ていても「人」と「物」の区別がある単語があります。この種類の語彙問題では、「人」を表す名詞が使われるべき場所に「物」を表す名詞が使われている文や、その反対の文が出題されます。

例　題

At a West Virginia flea market in 2010, a woman unknowingly paid $7
　A   B
for an original Renoir painter valued at over $75,000.
　　　　　　　　　　C　　　　　D

ウエストバージニアのフリーマーケットで2010年、ある女性が7万5000ドル以上の価値があるルノワールのオリジナル絵画に対して、そうとは知らずに、7ドルを支払った。

正解…(D) painting valued

　例題では、下線部（D）に含まれているpainter「画家」をpainting「絵画」へと、つまり、「人」から「物」へと修正します。

叙述形容詞

　形容詞は通常、名詞の前と、連結動詞の後のどちらに置くことも可能です（➡解法21）。しかし、「叙述形容詞」という特別な形容詞は、連結動詞の後に置くことはできますが、名詞の前に置くことはできません。Written Expressionでは、このルールに関する問題が出題されますので、代表的な叙述形容詞は覚えておきましょう。

叙述形容詞

afraid	恐れて	alike	似ている
alert	用心深い	alive	生きている

alone	ひとりで	aware	気づいて
ashamed	恥ずかしい	unafraid	恐れない
asleep	眠って	unawake	覚醒していない
awake	目が覚めて	unaware	気づかない

解法29 語彙問題に注意する（2）

　ここでは、語彙問題として頻出のパターンである、「繰り返し」と「語順」について確認しておきましょう。どちらも Written Expression で出題されます。

繰り返し

　このパターンの語彙問題では、「繰り返し」の表現が含まれた文が出題されます。これは ancient old、first original などのように同じ意味を持つ単語が重ねて使用されている場合や、repeat again のように不要な表現が付け足されている場合（re-「再び」という意味の接頭辞がついていることからもわかるように、動詞 repeat は「再び同じことをする」という意味を持つので、again は不要）などが含まれます。

例題 ①

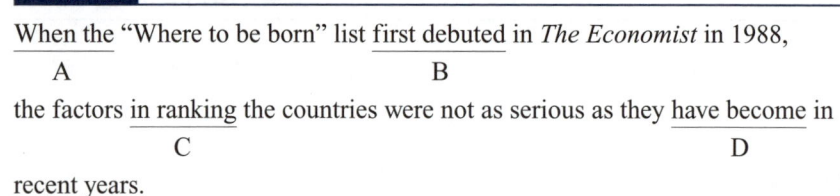

When the "Where to be born" list first debuted in *The Economist* in 1988,
　　A　　　　　　　　　　　　　B
the factors in ranking the countries were not as serious as they have become in
　　　　　　C　　　　　　　　　　　　　　　　　　　　　　　　D
recent years.

1988年に、雑誌『エコノミスト』で「どこで生まれるべきか」のリストが初公開されたときは、国のランク付けに使われる要素はここ最近のような深刻なものではなかった。

正解…(B) debuted

　例題の下線部（B）に注目してください。debut という動詞は「初めて公開する」という意味ですから、first という副詞で修飾すると無駄な繰り返しになりますので、first を削除します。

語順

このパターンの語彙問題では、語順が間違っている表現が含まれた文が出題されます。特に注意しなければならないのは、以下の語順です。
1. 形容詞が名詞を修飾している場合、形容詞は名詞の前に来る
2. 副詞が形容詞を修飾している場合、副詞は形容詞の前に来る
3. 副詞、形容詞、名詞がグループとして使われる場合、副詞→形容詞→名詞の順番に並ぶ

例題 ②

The legendary 1974 boxing match in which Muhammad Ali beat George Foreman
　　　　　　A　　　　　　　　　　　　B
in the round 8th was nicknamed "The Rumble in the Jungle" because
　　　C
it was held in Zaire.
　　　　　D

1974年にムハンマド・アリがジョージ・フォアマンを第8ラウンドで打ち負かした伝説的なボクシングの試合は、ザイールで開催されたため、「キンシャサの奇跡」というあだ名がついた。

正解…(C) the 8th round

例題の下線部（C）に注目してください。英語では通常、形容詞は名詞の前に来ますが、ここでは名詞 round が形容詞 8th の前に置かれています。これらの単語の順番を入れ替え、the 8th round と修正します。

解法30　語彙問題に注意する（3）

TOEFL の Written Expression 頻出の語彙問題の最後のパターンとして、「動詞 do と動詞 make の区別」と「another と other の区別」を確認しておきましょう。

動詞 do と動詞 make の区別

このパターンの語彙問題では、本来動詞 do が使われるべき表現で動詞 make が使われていたり、その反対の場合が出題されます。たいていの場合、日本語の「作る」は make、「する」は do を使って表現することができます。たとえば、「朝食を作る」は make breakfast、「宿題をする」は do homework ですので、混乱

することはありません。しかし、「努力をする」make an effort のように、「する」という日本語が make という英語になることもあります。

動詞 do を使う表現

do one's best	ベストを尽くす
do dishes	皿洗いをする
do one's hair	髪型を整える
do homework	宿題をする
do one's job	仕事をする
do laundry	洗濯をする

動詞 make を使う表現

make amends	償いをする
make arrangements	手配する
make a choice	選択する
make an effort	努力する
make ends meet	生活の収支を合わせる
make a reservation	予約する
make a speech	スピーチする

例題

Through his novel *Nineteen Eighty-Four*, George Orwell did an impact on
　　　　A　　　　　　　　　　　　　　　　　　　　　　B
the English language by introducing such commonly used terms as "Big Brother"
　　　　　　　　　　　C　　　　　　　　　　　　D
and "Thought Police."

ジョージ・オーウェルは自らの小説『1984年』で、「独裁者」や「思想警察」などといった現在よく使われる表現を導入することによって、英語に影響を与えた。

正解…(B) made an impact

　例題では、下線部（B）に動詞 do の過去形 did が含まれているため、正しいかどうかを注意して確認します。「影響を与える」は make an impact と表現されますので、did を made に修正します。

another と other の区別

anotherとotherはどちらも日本語にすると「別の〜」という意味になりますが、英語では意味が微妙に異なり、正確に使いこなすには文法知識も必要になります。以下の4つの例文を比べてみて、anotherとotherの区別ができるようにしておいてください。

例文① This apple is delicious, so I want another / another apple / another one.
　　　　このリンゴはおいしいので、もう1つ別のリンゴが欲しい。
　　　　(「もう1つ別のリンゴ」はどのリンゴでも構わない)

例文② This apple is delicious, so I want the other / the other apple / the other one.
　　　　このリンゴはおいしいので、もう1つ別のあのリンゴが欲しい。
　　　　(「もう1つ別のあのリンゴ」は、たとえばもともとリンゴが2つしかなかったなどの理由によって、すでに特定されている)

例文③ This apple is delicious, so I want others / other apples / other ones.
　　　　このリンゴはおいしいので、別のリンゴが欲しい。
　　　　(「別のリンゴ」はどのリンゴでも構わないが、複数欲しい)

例文④ This apple is delicious, so I want the others / the other apples / the other ones.
　　　　このリンゴはおいしいので、別のあれらのリンゴが欲しい。
　　　　(「別のあれらのリンゴ」は、すでに特定されている上、複数のリンゴを意味している)

　語彙に関する問題は決して難しくはありませんが、このような問題が出題される可能性について知らなければ、文法などほかのことばかり気になってしまい、正解にたどり着けない可能性がありますので気をつけましょう。

文法模擬テスト

正解・解説

Test 1

Structure

1 正解（B）

完成文と訳

While it is native to Central Asia, garlic is known to be an essential seasoning in Southern European cuisine.

ニンニクは中央アジア原産であるが、南欧料理に絶対欠くことのできない薬味として知られている。

解説

Whileは副詞節を導く接続詞なので、カンマ以前は副詞節（➡解法6）。空欄には副詞節の主語と動詞が必要である。

重要語句

☐ **native** 形 原産の　☐ **seasoning** 名 調味料　☐ **cuisine** 名 料理

2 正解（A）

完成文と訳

Both the War in Afghanistan and the Iraq War were instigated by the U.S. armed forces in response to the September 11th terrorist attacks.

アフガニスタンにおける戦争とイラク戦争は共に、9月11日のテロ攻撃への対応として合衆国軍により引き起こされた。

解説

選択肢にBoth ... and、Either ... or、Neither ... norと対で使われる表現が含まれているので、どれが正しいかを考える。the War in AfghanistanとThe Iraq Warがandで結ばれていることから、(A) Bothを選択する。

重要語句

☐ **instigate** 動 そそのかす

3 正解（A）

完成文と訳

There are generally 2 peanuts per pod, but there can be as few as 1 and as many as 4.
通常、2粒のピーナッツが1つのさやに入っているが、1粒しか入っていなかったり、4粒入っていることもある。

解説

空欄がas ... asではさまれていることから、2つの物を比較して「〜と同じくらい」という表現を作る。as ... asの間には形容詞または副詞の原級が必要。

4 正解（C）

完成文と訳

Child mortality rates in most developing countries average 1/12, compared to 1/152 in developed countries.
先進国における乳幼児死亡率は平均すると152分の1であるのに対し、多くの発展途上国における乳幼児死亡率は平均すると12分の1である。

解説

主語はChild mortality rates、動詞はaverage。節と節を結ぶ接続詞が問題文に存在しないので、節を作ってしまうような動詞である（B）や（D）は選べない。（A）と（C）はそれぞれ動詞compareの現在分詞と過去分詞であるが、文の意味を考えると、発展途上国の乳幼児死亡率が先進国のそれと「比較されている」（受動態的な意味）ことがわかるので、（C）が正解。

重要語句

☐ **mortality rate** 名 死亡率

5 正解（B）

完成文と訳

The Pulitzer Prize winning book and subsequent Academy Award winning film adaptation, *Gone with the Wind*, was the brainchild of a car crash patient, Margaret Mitchell, during her many months of recovery.
ピューリッツァー賞を受賞し、後に映画化されてアカデミー賞を受賞した『風と共に去りぬ』

は、自動車事故によるけがから回復するための何カ月もの間にマーガレット・ミッチェルが創作した小説であった。

解説

主語は The Pulitzer Prize winning book and subsequent Academy Award winning film adaptation、動詞は was である。節と節をつなぐ接続詞がないので、空欄にはこれ以上の主語や動詞を入れることができない（⇒解法4）。主語にも動詞にもならない（B）が正解。

重要語句

□ **subsequent** 形 次の　　□ **brainchild** 名 頭脳の産物

6　正解（C）

完成文と訳

The Mongol Empire, led by Genghis Khan in the 13th century, was the largest empire in history, comprising much of Europe and Asia.

13世紀にジンギス・カンによって導かれたモンゴル帝国はヨーロッパとアジアの大部分から成る、歴史上最大の帝国であった。

解説

問題文の意味を考えると、空欄には「もっとも大きな」という意味が必要なので最上級の the ＋ ...-est が必要。最上級を含むのは（A）と（C）であるが、モンゴル帝国はもう存在しないので、過去形である（C）が正解。（B）と（D）は比較級（⇒解法24）。

重要語句

□ **comprise** 動 構成する

7　正解（D）

完成文と訳

Sciatica is pain in the buttocks, legs, and/or feet that develops as a result of a herniated disk in the lower back putting pressure on the sciatic nerve.

坐骨神経症とは、腰の椎間板ヘルニアが坐骨神経に圧力をかけることによって生じる、臀部、脚部、そして／または足の部分の痛みである。

解説

空欄以降は pain in the buttocks, legs, and/or feet を修飾する関係代名詞節である（➡解法7）。(C) which と (D) that はどちらも物を修飾する関係代名詞になりうるが、(C) を選択すると Sciatica を主語とする節が現在形なのに、関係代名詞節が過去形になってしまう。また、(D) を選択すると、選択肢の最後にある as を使って as a result of ... 「～が原因となって」という表現を作ることができる。

重要語句
- □ **sciatica** 名 坐骨神経症　□ **buttock** 名 臀部
- □ **herniated disk** 名 椎間板ヘルニア

8　正解（C）

完成文と訳

Moxibustion is an East Asian medicinal therapy, which involves burning moxa, or dried mugwort, directly or indirectly onto the patient's skin.

灸は、もぐさ、または乾燥したオオヨモギを直接または間接的に患者の皮膚の上で燃やすことによって行う、東アジアの薬物療法である。

解説

空欄の直前にある involves は他動詞なので、空欄には目的語が必要。目的語となれるのは名詞または名詞相当語句であるが、選択肢の中でこの条件を満たすのは動名詞の (C) のみ。

重要語句
- □ **moxibustion** 名 灸　□ **medicinal** 形 薬効のある　□ **moxa** 名 もぐさ
- □ **mugwort** 名 ヨモギ

9　正解（D）

完成文と訳

The 18th Amendment of the Constitution was nullified by the addition of the 21st Amendment in 1933, ending Prohibition, the 13-year ban on alcohol production and sales in the United States.

米国憲法修正第18号は、1933年に修正第21号が追加されたことにより無効となり、合衆国において13年間にわたりアルコールの製造と販売を禁止していた禁酒法が終了した。

解説

空欄以降はProhibition「禁酒法」の説明、つまりProhibitionの同格である（➡解法3）。同格は名詞または名詞句であるので、前置詞forから始まる（A）、主語と動詞を含む（C）は選択できない。（B）では意味が通じない。

重要語句

☐ **amendment** 名 修正条項　☐ **constitution** 名 憲法　☐ **nullify** 動 無効にする

10　正解（B）

完成文と訳

Marie Curie, who won the Nobel Prize in both chemistry and physics in the early 20th century, died as a result of years of exposure to radiation from her research.
20世紀初頭にノーベル化学賞と物理賞を受賞したMarie Curieは、長年にわたる研究中、放射線に曝された結果、死亡した。

解説

問題文にwonとdiedという動詞が2つ存在することに注目する。動詞が2つ存在するということは節が2つ存在する可能性が高いということであり、それらの節を結ぶ接続詞も必要ということである。選択肢の中で接続詞を含むのは（B）か（C）である。（B）を選択すると、動詞diedに対応する主語がMarie Curieとなり、who以降カンマまでがMarie Curieを修飾する関係代名詞となり、正しい文を作ることができる（➡解法7）。これに対し、（C）にはIt wasという新たな節が含まれてしまっているため、接続詞の数が足りなくなってしまう。

重要語句

☐ **exposure** 名 被爆　☐ **radiation** 名 放射線

11　正解（C）

完成文と訳

Statistics show that around 90% of women in the United States have epidurals during childbirth, whereas around 90% of women in Japan have natural births.
統計によると、合衆国の女性の約90％が出産の際硬膜外麻酔を使用するのに対し、日本では女性の約90％が自然分娩を行う。

解説

まず、主語を Statistics、動詞を show とする節があることを確認する。show の後の that 以降は名詞節（show の目的語）であり、この名詞節中にさらに節が2つあることに気づかなければならない。最初の節の主語は（最初の）90%（＝合衆国の女性）、動詞は（最初の）have、2つ目の節の主語は（2つ目の）90%（＝日本の女性）、動詞は（2つ目の）have である。これら2つの節をつなぐ接続詞として副詞節を導く接続詞（C）を選択する。（B）も副詞節を導く接続詞であるが、この文では合衆国の女性と日本人の女性を比較しているので、although「〜ではあるが」よりも、（C）の whereas（whereas の前の情報と後の情報を比較する接続詞）のほうが正しい。

重要語句

□ **statistics** 名 統計　□ **epidural = epidural anesthesia** 名 硬膜外麻酔

12　正解（C）

完成文と訳

NASA has been given permission and a $100 million budget to build an asteroid capture device that could be used for research and mining purposes as early as 2017.

米国航空宇宙局は、早ければ2017年に研究と採鉱の目的のために使用できるかもしれない小惑星捕獲装置を製造する許可と1億米ドルの予算をすでに与えられている。

解説

主語である NASA は permission と budget を「与えられている」ので、空欄には受動態が必要（➡解法20）。

重要語句

□ **asteroid** 名 小惑星

13　正解（D）

完成文と訳

The Mason-Dixon line was originally intended as a border in Colonial America in the mid-18th century and not as the border between the north and south during the Civil War.

メーソン・ディクソン線はもともと18世紀半ばの植民地時代のアメリカにおけるある一本の境界線であり、南北戦争中に北部と南部の境界線になるとは思われていなかった。

> **解説**

空欄には動詞 intended に対応する主語が必要であるが、文の意味を考えると受動態が必要なので、(D) が正解（➡解法20）。副詞 originally が受動態を作る was と intended の間に挿入されているが、紛らわされないこと。

> **重要語句**
>
> □ **colonial** 形 植民地の　　□ **the Civil War** 名 南北戦争

14　正解（A）

> **完成文と訳**

The physician Hippocrates coined the term "cancer," or "crab" in Greek, because he thought tumors resembled the crustaceous creature.

医師であった Hippocrates は、腫瘍が甲殻類に似ていると思ったので、ギリシャ語で「カニ」を意味する「癌」という言葉を作り出した。

> **解説**

空欄直後の "crab" in Greek は、空欄直前の "cancer" の言い換えである。

> **重要語句**
>
> □ **physician** 名 内科医　　□ **coin** 動（新語などを）作り出す　　□ **cancer** 名 癌
> □ **tumor** 名 腫瘍　　□ **crustaceous creature** 名 甲殻類

15　正解（C）

> **完成文と訳**

Medical insurance does not automatically guarantee reimbursement of medical payments, and the insured must submit a claim for approval by the insurance company.

医療保険は医療費を自動的には補償しないので、加入者は保険会社の承認を得るために請求書を提出しなければならない。

> **解説**

(A) は approving を形容詞としてとらえれば claim には自然につながるが、前置詞 of がおかしい。(B) は approved の後に前置詞 by があれば正解になりうる。

(D) は動詞approvesが含まれているので不可。空欄の前後とスムーズにつながるのは（C）のみである。

重要語句

☐ **medical insurance** 名 医療保険　☐ **reimbursement** 名 補償
☐ **the insured** 名 被保険者　☐ **claim** 名 支払い請求

Written Expression

16　正解（B）　discovered in 1964 ➡ was discovered in 1964

正しい文と訳

Once cosmic microwave background radiation was discovered in 1964, most scientists became convinced that some form of the Big Bang Theory was true.

1964年に宇宙マイクロ波背景放射が発見されるとすぐに、ほとんどの科学者は何らかの形のビッグバン理論は真実であったと確信するようになった。

解説

Once「～するとすぐに」は副詞節を導く接続詞なので、後に主語と動詞が必要（➡解法6）。主語はcosmic microwave background radiationだが、動詞がこのままだと、宇宙マイクロ波背景放射が何かを発見したことになってしまう。文脈から考えると、ここでは「宇宙マイクロ波背景放射が発見された」というように受動態が必要であることがわかるので、be動詞＋過去分詞にする（➡解法20）。なお、発見されたのは過去のことなのでbe動詞はwasが必要。（D）のsome form of ... は「何らかの形の」「ある種の」の意味。

重要語句

□convince 動 確信させる　　□the Big Bang Theory 名 ビッグバン理論

17　正解（D）　it recognized ➡ it has recognized

正しい文と訳

Although the Japanese government does not allow same-sex marriages domestically, since March 27, 2009 it has recognized same-sex marriages from abroad.

日本政府は国内における同性婚は許可していないが、2009年3月27日以来、外国での同性婚は承認している。

解説

since「～以来」という時を表す表現があるので、（D）は現在完了形にする（➡解法18）。

18 正解（B） who ➡ which/that

正しい文と訳

Until the political and economic upheaval which/that occurred in the mid-19th century in Europe, immigrants to the United States mainly comprised British indentured servants.

19世紀半ばにヨーロッパで政治的、経済的混乱が起こるまで、合衆国への移民は主にイギリス人の年季奉公人であった。

解説

（B）のwhoはthe political and economic upheavalを修飾する関節代名詞であるが、修飾されているのは人ではなく物なので、whoではなくwhichまたはthatに修正する（➡解法7）。

重要語句

- □ **upheaval** 名 大変動、激変   □ **comprise** 動 包含する
- □ **indentured servant** 名 年季奉公人

19 正解（C） having prosecuted ➡ being prosecuted

正しい文と訳

The Bolshevik Revolution resulted in the "Red Scare" and culminated in many American citizens being prosecuted for their assumed affiliation with communism.

ボルシェビキ革命は「赤の恐怖」を引き起こし、ついには多くのアメリカ市民が共産主義を支持していると疑われ起訴されることとなった。

解説

文脈から考えると「多くのアメリカ人は起訴された」という受動態が必要なので、（C）のhavingはbeingに修正し、be動詞＋過去分詞を作る（➡解法20）。

重要語句

- □ **culminate** 動 最高点に達する   □ **prosecute** 動 起訴する
- □ **assumed** 形 偽りの、仮定した   □ **affiliation** 名 協力関係、所属

20 正解（C） begun ➡ beginning

正しい文と訳

By 6 weeks a human fetus' skeletal, respiratory, excretory, circulatory and nervous systems are all beginning to form.
ヒトの胎児は6週間で骨格系、呼吸器系、排泄系、循環系、そして神経系のすべてを形成し始めている。

解説

（C）の2語前にareというbe動詞があるので、begunはbeginningに変更し、現在進行形を作る（➡解法18）。areと（C）の間にallという副詞がはさまれているが、ごまかされないように。

重要語句

- **fetus** 名 胎児　　**skeletal** 形 骨格の　　**respiratory** 形 呼吸の
- **excretory** 形 排泄の　　**circulatory** 形 循環の　　**nervous** 形 神経の

21 正解（C） 4th years ➡ 4th year

正しい文と訳

The Earth takes around 365.242199 days to circle the sun, so almost every 4th year, February 29th is added to the calendar to compensate for the remaining time.
地球が太陽の周りを回るには約365.242199日かかるので、残り時間が釣り合うように、約4年ごとに2月29日が暦に追加される。

解説

「4年ごと」と表現する場合、4hのような序数詞を使う場合はevery 4th yearと単数形を、4のような通常の数字を使う場合はevery 4 yearsと複数形を用いる。

重要語句

- **compensate** 動 補う、相殺する

22 正解（A） aid ➡ aids

正しい文と訳

Vitamin D aids in the absorption of many other vitamins, yet Vitamin D deficiencies are more common than any other vitamin deficiency.

ビタミンDはほかの多くのビタミンの吸収を容易にするにもかかわらず、ビタミンDの欠乏はほかのどのビタミンの欠乏より一般的である。

解説
主語と動詞を見つけ、一致しているかを確認する（➡解法2）。主語はVitamin Dと単数なので、動詞aidはaidsと三人称単数現在のsを必要とする。

重要語句
□ **aid** 動 助ける　□ **absorption** 名 吸収　□ **deficiency** 名 不足、欠乏

23　正解（D）　a groundwater ➡ groundwater

正しい文と訳
The city of New Orleans has sunk below sea level partly due to the rising sea level and partly because of groundwater, oil and gas withdrawals.
ニューオーリンズはひとつには海面の上昇のために、またひとつには地下水、石油、そしてガスの流出により、海面下まで沈んだことがある。

解説
(D)に含まれている不定冠詞aはwithdrawalsという複数名詞に付いていることになってしまうので、省略する（➡解法25）。不定冠詞は可算名詞の単数形にしかつかないことを確認しておこう。

重要語句
□ **due to** 〜のためで　□ **withdrawal** 名 流出、退出

24　正解（B）　them ➡ they

正しい文と訳
American Indians are genetically and linguistically linked to East Asians, and they are thought to have migrated across a glacial land bridge where the Bering Strait is now located.
アメリカインディアンは遺伝子学的にも言語学的にも東アジア人と深いつながりがあり、現在はベーリング海峡となっている場所にあった氷河の陸橋を渡って移住していったと考えられている。

解説
まず、2つの節が等位接続詞andによって接続されている文であることを確認す

る（➡解法5）。最初の節には文法上の問題はないが、2つ目の節の主語であるべき（B）がthemと目的格の代名詞になってしまっているので、主格の代名詞であるtheyに修正する（➡解法17）。

重要語句

- □ **genetically** 副 遺伝子学的に   □ **linguistically** 副 言語学的に
- □ **migrate** 動 移住する   □ **glacial** 形 氷河の

25　正解（D）　and enabling ➡ and enables

正しい文と訳

The application of honey on a 1st-degree burn alleviates pain, prevents blisters from forming and enables a quick recovery.
第1度熱傷に蜂蜜を塗ると、痛みを和らげ、水膨れができることを防ぎ、迅速な回復を可能にする。

解説

文の主語はThe applicationであり、この主語に対してalleviates、prevents、そしてenablesという3つの動詞が存在している。3つの動詞はカンマとandで結ばれているので、並列構造にする必要がある（➡解法27）。

重要語句

- □ **application** 名 塗布   □ **burn** 名 やけど   □ **alleviate** 動 軽減する、緩和する
- □ **blister** 名 水膨れ

26　正解（B）　comes ➡ come

正しい文と訳

Most of the tulip bulbs produced in the world today still come from the Netherlands, and they are primarily exported to the United States, Japan, Norway and Canada.
今日、ほとんどのチューリップの球根はいまだにオランダで製造されており、主として合衆国、日本、ノルウェー、そしてカナダに輸出されている。

解説

主語はMostであるが、前置詞ofでつながれてMostの後に続いている表現がthe tulip bulbsと複数形になっているので、Mostも複数形として扱う。そこで、動詞

である（B）から三人称単数現在のsを削除する必要がある（➡解法2）。

重要語句
☐ **bulb** 名 球根

27　正解（A）　improves ➡ improve

正しい文と訳
Practicing yoga will likely improve one's breathing technique, inner muscle development, metabolic rate and vertebrae alignment.

ヨガを行うと呼吸法、インナーマッスルの発達、新陳代謝率、そして脊椎の並びが改善される可能性が高い。

解説
（A）の2語前に助動詞willがあることに注意。助動詞の後に来る動詞は必ず原形である（➡解法19）。助動詞と動詞の間に副詞likelyがあるが、ごまかされないこと。

重要語句
☐ **metabolic** 形 新陳代謝の　☐ **vertebrae** 名 椎骨《vertebraの複数形》
☐ **alignment** 名 配列

28　正解（C）　far rich ➡ far richer

正しい文と訳
Despite the bad reputation egg yolks have gotten for being higher in fat, calories and cholesterol than egg whites, they are far richer in vitamins and nutrients than the latter.

卵黄には、卵白に比べて脂肪、カロリー、そしてコレステロールが高いとの悪評があるが、前者は後者に比べてはるかに多くのビタミンや栄養分を含んでいるのである。

解説
they are以降に注目。比較級が存在していることを表すthanがあるので（C）はricherと修正する（➡解法24）。farは単に比較級を強めている副詞であるので、ごまかされないこと。theyがegg yolkを指し、（D）のthe latterはegg whitesを指していることをきちんと理解できるようにする。

重要語句

- **reputation** 名 評判
- **egg yolk** 名 卵の黄身
- **egg white** 名 卵の白身
- **nutrient** 名 栄養分

29　正解（A）　known as commonly ➡ commonly known as

正しい文と訳

Tinea pedis, commonly known as athlete's foot, is a fungal infection that can spread not only to the feet, but also to any warm, moist areas of the skin.

一般には水虫として知られる足白癬は、足だけでなく、温かく湿った皮膚であればどこにでも広がる可能性のある真菌感染症である。

解説

このままだとknown asとathlete's footの間に副詞commonlyが挿入されており、known as ...「～として知られている」という表現が理解できなくなる。また、「一般には～として知られている」という意味なので、commonlyはknown asの前に挿入する。

重要語句

- **athlete's foot** 名 水虫
- **fungal** 形 真菌の
- **infection** 名 感染症

30　正解（C）　range ➡ ranging

正しい文と訳

There are approximately 12,000 species of moss classified in the division Bryophyta, ranging from 1 to 50 centimeters in height.

蘚苔門には、大きさが1センチメートルから50センチメートルまでの、約1万2000種のコケが分類されている。

解説

(C)のrangeは動詞であるが、カンマの前にすでに節があるにもかかわらず、この文には節と節をつなぐ接続詞が存在しない。そこで、(C)をrangingと現在分詞に修正し、縮約された関係代名詞節にする（➡解法11）。

重要語句

- **species** 名 種
- **classify** 動 分類する
- **division** 名 (分類上の)門
- **Bryophyta** 名 蘚苔門

31　正解（A）　inventions of ➡ inventors of

正しい文と訳

The inventors of Mambo music and dance in 1930s Cuba were Arsenio Rodriguez and Perez Prado, respectively, and the dance became popular in Mexico in the 1940s.

1930年代キューバにおけるマンボの音楽と踊りの発明者はそれぞれアルセーニョ・ロドリゲスとペレス・プラードであり、この踊りは1940年代にメキシコで人気となった。

解説

文脈からすると、(A) は inventions「発明」ではなく inventors「発明者」でなければならない。「もの」を表す単語と「人」を表す単語を区別させる問題がよく出るので注意（➡解法28）。

重要語句

☐ **respectively** 副 それぞれ

32　正解（C）　each colonies ➡ each colony

正しい文と訳

The first American colonial flag consisted of 13 stars and 13 stripes to represent each colony, but variations existed on the arrangement of the stars.

植民地時代のアメリカの最初の旗は、それぞれの植民地を表す13個の星と13本のストライプから成っていたが、星がどのように並ぶかについてはバリエーションが存在した。

解説

each の後は単数名詞なので、colonies を colony に修正する。

重要語句

☐ **consist of** 〜から成り立つ

33　正解（C）　she ➡ they

正しい文と訳

Smoking increases women's chances of stroke if they are over the age of 35 and take birth control pills.

喫煙は、女性が35歳以上で経口避妊薬を服用している場合、脳卒中が起こる可能性を高める。

解説

代名詞に下線が引かれている場合は、必ずそれが何を意味しているかを確認する（➡解法17）。ここでは、前にあるwomen（複数形）を意味しているので、sheをtheyに修正する。

重要語句

□**stroke** 名 脳卒中　□**birth control pill** 名 経口避妊薬

34　正解（B）　antioxidants healthy ➡ healthy antioxidants

正しい文と訳

While black tea has been found to contain healthy antioxidants, if the tea is mixed with milk, the dairy proteins will cancel out the antioxidants' effectiveness.

紅茶は健康によい抗酸化物質を含むことで知られているが、紅茶を牛乳と混ぜると、牛乳のタンパク質が抗酸化物質の効力を消し去ってしまう。

解説

（B）の語順に注意。形容詞healthyは、名詞antioxidantsの前に置かれなければならない（➡解法29）。

重要語句

□**antioxidant** 名 抗酸化剤　□**dairy** 形 乳製品の　□**protein** 名 タンパク質
□**cancel out** 相殺される、中和される

35　正解（D）　with build up ➡ with built-up

正しい文と訳

In addition to being a common culinary ingredient, vinegar is said to be a full-proof method of cleaning items with built-up minerals and deposits.

酢は、ありふれた料理の素材であるだけでなく、ミネラルや脂肪などの蓄積物の塊に対する洗浄剤となることが完全に証明されている。

解説

前置詞withの後に動詞buildが来るのはおかしい。built-upと過去分詞にし、minerals and depositsという名詞を修飾する形容詞にする（➡解法23）。

重要語句

□ **culinary** 形 料理の　□ **ingredient** 名 材料　□ **deposit** 名 蓄積物

36　正解（A）　successfully ➡ successful

正しい文と訳

Great Britain's successful outcome in the Falkland War in 1982 was a primary factor in Margaret Thatcher's reelection.

1982年に英国がフォークランド紛争で勝利を収めたことが、マーガレット・サッチャーが再選された主たる要因であった。

解説

（A）は名詞 outcome を修飾しているので、副詞 successfully から -ly を取り、形容詞 successful と修正する（➡解法21）。

重要語句

□ **outcome** 名 結果、成果　□ **primary** 形 主要な

37　正解（D）　male dog ➡ male dogs

正しい文と訳

Contrary to its actual meaning, the title role in the popular 1950s TV show *Lassie* was played by various male dogs, never female dogs.

(「小娘」という) 実際の意味とは異なり、1950年に人気があったテレビ番組『Lassie』の題名である役は、何匹ものオスの犬によって演じられ、メスの犬によって演じられることは決してなかった。

解説

（D）の直前の形容詞 various は「さまざまな」という意味なので、その後に来る名詞は複数形でなければならない（➡解法16）。

重要語句

□ **contrary to** 〜に反して

38　正解（A）　has be discontinued ➡ has been discontinued

正しい文と訳

Prostate cancer screening has been discontinued in recent years because the mortality rates did not change, regardless of screening.
検査を行っても死亡率が変わらなかったので、前立腺癌の検査は最近では廃止されている。

解説

（A）には受動態の現在完了形が必要。受動態はbe動詞＋過去分詞で作られ、時制はbe動詞の部分によって表される（➡解法20）。現在完了形はhave＋過去分詞なので、ここはhas been discontinuedとなる（➡解法18）。

重要語句

- **prostate cancer** 名 前立腺癌　 **discontinue** 動 中止する
- **mortality rate** 名 死亡率　 **regardless of** 〜とは関係なく
- **screening** 名 スクリーニング、特定の病気の発病者を選別する検査

39　正解（B）　to institution ➡ to institute

正しい文と訳

Samoa Airlines has become the first airline in the world to institute the controversial passenger-weight-based ticketing structure.
サモア航空は、論争の的となっている、乗客の体重により航空券の値段を変えるという制度を設けた世界初の航空会社となった。

解説

（B）はto＋不定詞なので、動詞の原形instituteが必要。institutionはinstituteの名詞形である。

重要語句

- **institute** 動 設ける　 **controversial** 形 議論の余地のある

40　正解（C）　but ➡ and

正しい文と訳

Russia's aggression against Turkey both led to the retaliation by its ally countries of France, Great Britain and Sardinia and started the Crimean War in 1953.

ロシアのトルコに対する武力侵略は、同盟国であるフランス、イギリス、サルディニアによる報復と、1953年のクリミア戦争開戦の両方の原因となった。

解説
bothがあるので、(C) はandと修正し、both A and Bという表現を作る（➡解法27）。

重要語句
□ **aggression** 名 侵略　□ **retaliation** 名 報復　□ **ally** 名 同盟国

Test 2

Structure

1　正解（B）

完成文と訳

Because of the redrawing of the International Date Line in 1995, Caroline, now Millennium, Island was the first location in the world to enter the year 2000.
1995年に国際日付変更線が変更されたため、カロリン島、つまり現在のミレニアム島、は世界で初めて2000年に突入した場所であった。

解説

まず選択肢にbecauseという単語が目立っていることを確認しておく。問題文の主語はCaroline ... Island、動詞はwasである。カンマではさまれたnow MillenniumはCarolineに対する同格。問題文にはすでに主語と動詞があるので、空欄にもしほかの節が入るのであれば、最初に選択肢を確認したときに目についた、（A）のbecauseや（C）のBecauseのように節と節を結ぶ接続詞も必要である。しかし、この問題では、空欄の直後に前置詞ofがあることに注目する。前置詞ofの前後には名詞または名詞相当句が来る可能性が高いので、動名詞で終わっている（B）を選択する。（D）も最後はthe redrawという名詞で終わっているが、（D）を選んでしまうと文の意味が通らなくなる。

重要語句

□ the International Date Line 名 国際日付変更線

2　正解（C）

完成文と訳

The debate over drilling for oil below the long-protected Arctic National Wildlife Refuge has intensified with the recession and the rising cost of fuel.
長期間保護されてきた北極圏野生生物保護区の下で石油を掘削するかどうかについての議論は、景気後退と燃料の値上がりによって激化してきている。

解説

問題文の主語はThe debate、動詞はhas intensifiedである。問題文にはすでに主語と動詞があるので、空欄にもしほかの節が入るのであれば、節と節を結ぶ接続

詞も必要である。しかし、主語と動詞を含む（A）や動詞を含む（B）には接続詞が含まれていない。そこで、（C）を選択すると、the long-protectedという定冠詞＋分詞形容詞がArctic National Wildlife Refugeという名詞を修飾できる（➡ 解法23）。

重要語句

- □ **debate** 名 討論、議論　□ **intensify** 動 激しくなる
- □ **recession** 名 不景気、景気後退　□ **fuel** 名 燃料

3　正解（A）

完成文と訳

"Mahonnaise," named after the Spanish city of Mahon, later came to be called "mayonnaise" merely due to a typographical error in an 1841 cookbook.

スペインの都市マホンにちなんで名づけられた「マホネーズ」が後に「マヨネーズ」と呼ばれるようになったのは、単に1841年に出版された料理本の誤植のせいであった。

解説

まず選択肢を確認し、name after ...「～にちなんで名づける」という表現が思い出せると解きやすくなる。問題文の動詞はcame to be calledのように見えるが、文の最初に空欄があり、主語が何かはわからない。そこで、主語を探しながら選択肢を検討する。（A）を選択すると、"Mahonnaise"がcame to be calledに対する動詞となり、文法的な文を作ることができる。（B）と（C）にはそれぞれ主語と動詞、つまり節が含まれているが、これらの節と問題文にすでに存在する動詞came to be calledを結ぶために必要な接続詞が含まれていない。（afterは副詞節を導く接続詞ではなく、name after ...という表現の一部であることに注意）。（D）は空欄の直後のthe Spanish city of Mahonにつながらず、意味が理解できない。

重要語句

- □ **name after** ～にちなんで名づける　□ **merely** 副 単に　□ **due to** ～のせいで
- □ **typographical** 形 印刷上の

4　正解（D）

完成文と訳

With a highly acidic pH of around 2.3 that metabolizes into alkali after consumption, lemons can help one's blood maintain acid-alkaline homeostasis.
摂取後にはアルカリに代謝される約2.3という高酸性pHを持つレモンは、血液の酸-アルカリ恒常性の維持を助ける。

解説

まず選択肢のすべてに名詞alkaliと動詞metabolizesが含まれていることを確認しておく。特に、動詞metabolizesがすべての選択肢に含まれているということは、空欄にはなんらかの節が入る可能性が高いと予測できる。問題文にはすでに主語lemon、動詞can helpから成る主節がある。そこで、空欄にほかの節を入れるためには接続詞が必要なので、関係代名詞thatを含む（D）を選択する（➡解法7）。（C）にもthatがあるが、このthatは空欄直後のafterにつながらない。

重要語句

- □ **acidic** 形 酸性の　□ **metabolize** 動 代謝する　□ **alkali** 名 アルカリ
- □ **consumption** 名 摂取　□ **maintain** 動 維持する　□ **homeostasis** 名 恒常性

5　正解（A）

完成文と訳

Representing both farmers and consumers, Senator Merkley is hoping to overturn the "Monsanto Protection Act," which has allowed for the production of genetically modified seeds.
農業従事者と消費者の両方を代表して、マークリー上院議員は、遺伝子組み換えの種子の製造を許可しているモンサント保護法が撤廃されることを願っている。

解説

問題文には、後半に関係代名詞whichから始まる関係代名詞節があるので、空欄にはもう1つ節が必要。（A）を選択すると、Senator Merkleyが主語、is hopingが動詞の主節を作ることができる（➡解法2）。（C）も一見、節を作ることができるように見えるが、theyが誰を指しているのかがわからないし、また動詞hopedの過去形が関係代名詞節の動詞has allowedの現在完了形と時制の上で一致しない。

重要語句

- □ **consumer** 名 消費者 □ **overturn** 動 破棄する
- □ **genetically modified** 遺伝子組み換えの

6 正解（C）

完成文と訳

<u>Even though the battle of the Alamo was lost</u> to Mexico during the Texas Revolution of 1836, to this day the compound is a Texas symbol of freedom and sacrifice.

1836年のテキサス独立戦争中、アラモの戦いでメキシコに負けはしたものの、捕虜収容所は今日でもテキサスの自由と犠牲の象徴である。

解説

主語を the compound、動詞を is とする節があるので、もし空欄にほかの節が入るのであれば、接続詞が必要なことを確認してから選択肢を検討する。（C）を選択すると接続詞 Even though から始まる副詞節を空欄に作ることができる（➡解法6）。（D）の Though も副詞節を導く接続詞であり、意味も Even though と同じであるが、副詞節の主語となる they が何を指し示しているかわからない。また、the even battle of the Alamo という表現の意味が通らない。

重要語句

- □ **compound** 名 収容所 □ **sacrifice** 名 犠牲

7 正解（B）

完成文と訳

The impressive 1-mile-deep Carlsbad Caverns are presently located in southern New Mexico <u>and date back</u> 250 to 280 million years.

1マイルもの深さがある、印象的なカールズバッド・キャバーンズは現在ニューメキシコ南部に位置し、その起源は2億5000万年から2億8000万年前にさかのぼる。

解説

date back は「〜にさかのぼる」という意味の動詞。主語は Carlsbad Caverns、動詞は are で、すでに文として成立しているが、ここでは and が1つ目の動詞 are と2つ目の動詞 date back を結び、これら2つの動詞が両方とも主語 Carlsbad Caverns に対応している。

重要語句

□ **impressive** 形 印象的な

8　正解（B）

完成文と訳

Thomas Jefferson and John Adams, founding fathers and former U.S. presidents, both bizarrely died on July 4th, exactly 50 years after signing the Declaration of Independence.

建国の父であり、合衆国の元大統領でもあるトーマス・ジェファソンとジョン・アダムズは、ふたりとも奇妙なことに独立宣言に署名したちょうど50年後の7月4日に死亡した。

解説

both A and B「AとBの両方」という表現の変形である。文中にbothという表現があるので、どこかにA and Bがなければならない。完成した文の主語はThomas Jefferson and John Adamsであり、動詞はdiedである。founding fathers and former U.S. presidentsはカンマではさまれており、主語に対する同格になっている。

重要語句

□ **founding father** 名 創設者　　□ **bizarrely** 副 奇妙に

9　正解（B）

完成文と訳

Kilimanjaro is the world's highest free-standing mountain, and it is made up of 2 extinct volcanic cones and 1 dormant volcano, which still has eruption potential.

キリマンジャロは世界一高い、独立した山であり、2つの死火山円錐丘と、まだ噴火する可能性がある1つの休火山からできている。

解説

主節の主語はKilimanjaro、動詞はisであるが、この節の後にカンマと等位接続詞andがあるので、空欄にはもう1つ節が必要だということがわかる（➡解法5）。選択肢の中で主語と動詞を含んでいるのは（B）のみ。なお、この文で使われているfree-standingは「（山脈ではない）独立した」という意味。

重要語句

- **extinct** 形 活動を停止した
- **volcanic cone** 名 火山円錐丘
- **dormant** 形 休止状態にある
- **volcano** 名 火山
- **eruption** 名 噴火
- **potential** 名 可能性

10 正解（A）

完成文と訳

Mardi Gras, or "Fat Tuesday," is the practice by Catholics of enjoying fatty foods before giving them up for the season of Lent, which begins the following day, Ash Wednesday.

「マルディ・グラ」または「肥沃な火曜日」とは、カソリック教徒によって行われる、次の日、つまり「灰の水曜日」から始まる受難節には食べられない脂っこい食べ物をその直前に楽しむ習慣である。

解説

問題文には主語のMardi Gras、動詞のisから成る主節がすでに存在しているので、空欄に節を作る場合は接続詞が必要。(A)を選択するとthe season of Lentを説明する関係代名詞節を作ることができる（➡解法7）。(B)は節であるが、接続詞が含まれていない。(C)には等位接続詞and、主語it、動詞beganがあるが、もう1つ別の動詞followsがあるのがおかしい。(D)も、関係代名詞which、主語the day、動詞followsに加えて、余分な動詞has begunがあるのがおかしい。また、(C)と(D)は時制の一致の観点からも除外できる（(C)のbeganがなぜ過去形なのか、(D)のhas begunがなぜ現在完了形なのかが説明できない）。

11 正解（D）

完成文と訳

The UAE is one country consisting of 7 emirates: Abu Dhabi, Ajman, Dubai, Fujairah, Ras al-Khaimah, Sharjah, and Umm al-Quwain, each of which is governed by a different emir.

アラブ首長国連邦は、それぞれ異なる首長によって統治される、アブダビ、アジュマーン、ドバイ、フジャイラ、ラアス・アル＝ハイマ、シャールジャ、そしてウンム・アル＝カイワインという7つの首長国から成る1つの国である。

解説

問題文には主語の The UAE、動詞の is から成る主節がすでに存在している。選択肢はすべて節であるが、接続詞を含んでいるのは (C) と (D) のみ。(C) は of which each の意味がわからない。(D) を選択すると「(それらの首長国の) それぞれは」という意味になる。

重要語句

□ **emirate** 名 首長国　□ **emir** 名 首長

12　正解（D）

完成文と訳

The United States currently ranks 147th in the world with regard to retirement security, measured by factors such as pension plans, social security and healthcare.
年金制度、社会保障、医療保障といった要因によって測られる引退後の保障の程度について言えば、合衆国は現在、世界147位である。

解説

問題文にはすでに主語 The United States、動詞 ranks から成る節がある。(A) と (B) はそれぞれ節を構成するが接続詞がない。節を作らなくて済むのは (C) または (D) だが、(D) は such as で終わっているので、空欄直後に並列された要素の例示につながる。

重要語句

□ **retirement** 名 引退　□ **pension** 名 年金　□ **healthcare** 名 健康管理

13　正解（C）

完成文と訳

Continental drift has been supported by the discovery of fossils and living examples of the same species across continents, in addition to the complementary faces of Africa and South America.
大陸移動があったことは、アフリカ大陸と南アメリカ大陸が互いに補足的な形をしていることに加え、異なる大陸で同じ種の生物が化石として発見されたり、同じ種の生物が現存しているということによって証拠づけられている。

解説

最初にあるContinental driftは主語のように見えるが、問題文にはまだ節が存在していないため、空欄には動詞が必要。(A) と (B) にはそれぞれwhich、thatという節と節を結ぶ接続詞が含まれているので不可。(C) と (D) はどちらも動詞になりうるが、文の意味から考えて受動態である (C) が正解 (➡解法20)。

重要語句

- **continental drift** 名 大陸移動　 **fossil** 名 化石
- **complementary** 形 補足的な

14　正解 (B)

完成文と訳

Particularly for ear infections, children should receive twice the dose of antibiotics than do adults because the children will likely encounter resistance.

耳の感染症について特に言えることであるが、子どもは抗生物質耐性になる可能性が高いので、大人の2倍の量の抗生物質を与えられるべきである。

解説

twice ... thanなどの比較表現の後では、主語と動詞の倒置が起こる可能性がある。この倒置は任意のものなので、adults do because theという選択肢があれば、それも正解となる。

重要語句

- **infection** 名 感染症　 **dose** 名 服用量　 **antibiotics** 名 抗生物質
- **encounter** 動 直面する　 **resistance** 名 耐性

15　正解 (A)

完成文と訳

The 4-time gold medalist in the 1936 Berlin Olympics, Jesse Owens, received a signed photograph from Hitler but never did he get an acknowledgement from then president, Franklin Roosevelt.

1936年のベルリン・オリンピックで4冠を達成したジェシー・オーエンズは、ヒトラーから署名入りの写真を受け取ったが、当時大統領だったフランクリン・ルーズベルトから認められることはなかった。

> **解説**

まず、すべての選択肢に否定表現neverが含まれていることを確認しておく。文の意味から考えると、but以下はhe never got an acknowledgement ... となるが、このような選択肢が存在しないこと、また空欄直後の動詞getが過去形ではなく原形になっていることから、否定表現が先行する場合の主語と動詞の倒置を疑う。否定表現neverを先に出すと、その後の主語と動詞が倒置するので、(A) が正解（➡解法13）。主語と動詞の倒置はgot heではなく、didを使ってdid he get（この場合、動詞getが過去形から原形に戻ることに注意）となることを確認しておこう。

> **重要語句**

□ **acknowledgement** 名 承認、認定

Written Expression

16　正解（A）　It has rumored ➡ It was rumored

正しい文と訳

It was rumored that the 1960s Chicago mob boss Sam Giancana was involved in CIA plots to assassinate both JFK and Fidel Castro.

1960年代にシカゴで暴力団の会長だったサム・ジアンカーナは、JFKとフィデル・カストロの両方を暗殺するというCIAの陰謀に関係していたのではないかとうわさされた。

解説

「〜とうわさされる」という表現はIt is rumored that S + Vで表される。過去に起こったことについてのうわさなので、It was rumored ... と過去形に修正する。

重要語句

☐ **involve** 動 巻き込む、関係させる　☐ **plot** 名 陰謀
☐ **assassinate** 動 暗殺する

17　正解（A）　and sink of ➡ and sinking of

正しい文と訳

The rising sea level and sinking of Venice at a rate of about 2 millimeters a year amount to an 80-milliliter drop below sea level over the next 20 years.

海面は上昇していき、ベニスは1年に2ミリメートルずつ沈没していくので、これから20年の間に海面より80ミリメール低くなる。

解説

前置詞ofの前後には名詞が必要。sinkは動詞なので、sinkingと動名詞に修正する。（sinkには名詞形も存在するが、その場合は「流し台」という意味になるので、ここでは無関係）。

重要語句

☐ **amount to** 〜に達する

18 正解（C） much ➡ many

正しい文と訳

The Salem witch trials occurred on between 1692 and 1693, with 100s of women accused and many imprisoned or sentenced to death by hanging.

セーレムで1692年から1693年の間に行われた魔女裁判では、数百の女性が告発されその多くが投獄されるか絞首刑に処された。

解説

(C) は代名詞であるが、この代名詞が指し示しているのは、前に出てきた100s of womenなので、可算名詞を指し示すことができる代名詞manyに修正する。muchは不可算名詞を指し示す代名詞。

重要語句

- □ witch 名 魔女　□ trial 名 裁判　□ accuse 動 告発する
- □ imprison 動 投獄する　□ sentence 動 刑に処する

19 正解（B） musical innovators ➡ musical innovations

正しい文と訳

The American jazz pianist, Count Basie, was responsible for musical innovations like using 2 tenor saxophones and riffs with big bands.

アメリカ人ジャズピアニストのカウント・ベイジーは2本のテナーサックスを使ったり、ビッグバンドとのリフなどといった音楽的革新に貢献した。

解説

(B) の直後のlike以下に、using 2 tenor saxophones and riffs with big bandsと、「物」または「概念」が並んでいることから、likeの直前にある「革新者」という「人」を表す単語innovatorsは「物」を表すinnovations「革新」と修正する（➡解法28）。

重要語句

- □ responsible 形 功績がある　□ riff 名 リフ、反復メロディ

20　正解（B）　is located in ➡ are located in

正しい文と訳

Most of the 206 bones in the human body are located in the arms and legs, the largest of which is the femur, or thighbone.

ヒトの体にある206本の骨のうちほとんどは腕と脚にあり、それらの中でもっとも大きいのは大腿骨、つまり太ももの骨である。

解説

問題文の主語はMostであるが、このMostは直後の前置詞ofによってthe 206 bonesという複数名詞にかかっているため、意味的には複数を表している。この複数の意味を表す主語に対応させるように、動詞はare locatedと修正する。

重要語句

□ **femur = thighbone** 名 大腿骨

21　正解（D）　a country's ➡ the country's

正しい文と訳

Chinese Muslims, such as the Uyghurs in the western region, comprise about 1 to 2% of the country's total population.

中国西部のウイグル族のような中国系イスラム教徒は、中国の全人口の約1から2%を構成する。

解説

文脈から（D）のcountryは「中国」を表していることが明らかなので、不定冠詞aは定冠詞theに修正する（➡解法25）。

重要語句

□ **Muslim** 名 イスラム教徒　　□ **comprise** 動 構成する　　□ **population** 名 人口

22　正解（D）　became commonly ➡ became common

正しい文と訳

Although in existence, it was not until Thomas W. Lawson's 1906 book *Friday, the Thirteenth* that the bad luck myth surrounding this day and date became common.

それ以前も存在はしていたのだが、トーマス・W・ローソンが小説『13日の金曜日』を1906

年に発表するまで、この曜日と日にちと不運に関係する神話が普及することはなかった。

解説

動詞becomeは連結動詞なので、直後には副詞commonlyではなく、形容詞commonが必要（➡解法22）。

重要語句

□**in existence** 存在して　□**myth** 名 神話

23　正解（A）　the higher risk ➡ the highest risk

正しい文と訳

Men have the highest risk of contracting testicular cancer between the ages of 15 and 35, and they have a 0.4% chance of contracting the disease throughout their lifetime.

男性が精巣癌にかかる可能性がもっとも高いのは15歳から35歳の間で、彼らが一生の間にこの病気にかかる可能性は0.4％である。

解説

もし（A）で比較級higherを使うならば文のどこかにthanがなければならない。また、（A）に最上級と組み合わされる定冠詞theがあることもおかしい。文の意味から考えると（A）には最上級が必要なので、higherを最上級highestに修正する（➡解法24）。

重要語句

□**contract** 動（病気）にかかる　□**testicular cancer** 名 精巣癌

24　正解（A）　much debate ➡ much debated

正しい文と訳

The much debated "super-sizing" amidst an obesity epidemic led to a ban on selling orders of fast food sized larger than "large."

肥満が蔓延する中、盛んに議論された「特大サイズ」は、ファーストフード店で「L」サイズよりも大きなサイズの商品を売ることに対する禁止へとつながった。

解説

（A）は"super-sizing"という名詞を修飾しているので、動詞debateは過去分詞debatedとし、分詞形容詞とする必要がある（➡解法23）。

重要語句

- **amidst** 前 〜の中で、最中に　　**obesity** 名 肥満　　**epidemic** 名 流行
- **ban** 名 禁止令

25　正解（C）　each of theirs ➡ each of their

正しい文と訳

Since the NASA space shuttle program ended in 2011, NASA officials pay Russia £40 million for each of their astronauts it sends to the International Space Station.

スペースシャトル計画を2011年に終了させて以来、合衆国航空宇宙局の当局者は、ロシアが航空宇宙局の宇宙飛行士を国際宇宙ステーションに送り出すたび、ひとり当たり4000万ポンドをロシアに支払っている。

解説

(C) のtheirsは所有代名詞。所有代名詞は「〜の物」という意味を表すので、直後に名詞が来ることはない。所有代名詞theirsを所有格の代名詞theirに修正する（➡解法17）。

重要語句

- **official** 名 当局者　　**astronaut** 名 宇宙飛行士

26　正解（B）　export ➡ exports

正しい文と訳

One of Madagascar's vital agricultural exports, its vanilla comprises approximately 80% of the world's vanilla source.

マダガスカルの重要な輸出農産物のひとつであるバニラは、世界のバニラ資源の約80%を占めている。

解説

One of ...「〜のうちのひとつ」という表現でofの後に来る名詞は必ず複数形となる。

重要語句

- **agricultural** 形 農業の　　**approximately** 副 おおよそ

27 正解（B）　consider his love ➡ considering his love

正しい文と訳
Caillebotte's membership in the Impressionists group is ironic considering his love for photography and the realism evident in many of his paintings.

彼の写真に対する愛情や、彼の絵画の多くに見られる写実主義を考慮すれば、カイユボットが印象派の一員だとされていることは皮肉である。

解説
considering ... で「〜を考慮すれば」という慣用表現になる。また、問題文にはすでに動詞isが存在しているのに、(B)のconsiderをこのままにすると、considerが2つ目の動詞になってしまうことからも（B）が正解であることがわかる。

重要語句
- **Impressionist** 名 印象派の画家
- **evident** 形 明白な

28 正解（C）　United States do ➡ United States, they do

正しい文と訳
Although citizens of Washington, D.C. can vote for president of the United States, they do not have voting representation in the House of Representatives or Senate.

ワシントンD.C.の市民は合衆国大統領選で投票することはできるが、彼らには下院選挙または上院選挙で投票する代表者はいない。

解説
Although ... the United Statesまでが副詞節となっている。副詞節から文を始める場合は、副詞節の最後にカンマを打ち、その後に別の節を置く（➡解法6）。したがって、(C)のthe United Statesの直後にカンマを打ち、主語となるthey（citizens of Washington, D.C.を指し示す）を挿入する。

重要語句
- **vote** 動 投票する
- **representation** 名 代表
- **House of Representatives** 名 下院
- **Senate** 名 上院

29 正解（B） will crystallizes in ➡ will crystallize in

正しい文と訳

Overly high levels of uric acid will crystallize in joints, tendons, and tissues, and in effect, cause a type of inflammatory arthritis known as "gout."

高すぎる濃度の尿酸は関節、腱、組織内で結晶化し、その結果、「痛風」として知られている炎症性関節炎の一種を引き起こす。

解説

助動詞の後に来る動詞は常に原形でなければならないので、三人称単数現在のsがついた動詞crystallizesをcrystallize「結晶化する」に修正する（➡解法19）。

重要語句

- □ uric acid 名 尿酸　□ crystallize 動 結晶する　□ joint 名 関節
- □ tendon 名 腱　□ tissue 名 組織　□ inflammatory 形 炎症性の
- □ arthritis 名 関節炎　□ gout 名 痛風

30 正解（D） depleted species ➡ depleted

正しい文と訳

A recent statistic by the Food and Agriculture Organization shows that more than 2/3 of all fish species have been either depleted or overexploited.

食糧農業機関が発表した最近の統計によると、すべての魚種の3分の2以上が枯渇しているか乱獲されているかということだ。

解説

either A or B「AまたはB」という表現のAとBは並列でなければならないので、overexploitedと並列にするために（D）からspeciesを削除し、depletedのみを残す（➡解法27）。

重要語句

- □ statistic 名 統計値　□ deplete 動 激減させる、枯渇させる
- □ overexploit 動 乱獲する

31　正解（B）　is found ➡ found

正しい文と訳

The 5% acetic acid found in vinegar is a result of bacterial oxidation of the ethanol in wines and ciders, and it has the molecular formula CH₃COOH.
酢に含まれている濃度5％の酢酸はワインやシードルのエタノールが細菌によって酸化された結果であり、その分子式はCH₃COOHである。

解説

主語The 5% acetic acidに対応する動詞はvinegarの直後にあるisであり、（B）をis foundのままにすると動詞の数が多くなってしまう。そこで（B）からbe動詞であるisを削除し、過去分詞foundのみにして、分詞形容詞として使用する。その結果、found in vinegarはThe 5% acetic acidを修飾していることになる（➡解法23）。

重要語句

- **acetic acid** 名 酢酸　　**vinegar** 名 酢　　**bacterial** 形 細菌性の
- **oxidation** 名 酸化　　**ethanol** 名 エタノール、エチルアルコール
- **molecular formula** 名 分子式

32　正解（A）　benefit ➡ benefits

正しい文と訳

While the internet provides numerous benefits to businesses, customer complaints posted online are accessible to anyone and could be detrimental to businesses.
インターネットはビジネスに多大な利益を提供するが、オンラインに掲載された消費者による苦情に誰もがアクセスできるので、ビジネスに弊害をもたらす可能性もある。

解説

（A）の直前にある形容詞numerousは「数多くの」という意味なので、それが修飾している名詞benefitは複数形でなければならない。

重要語句

- **benefit** 名 利益　　**customer** 名 顧客　　**complaint** 名 不平、不満
- **post** 動 掲示する、投稿する　　**accessible** 形 利用可能な
- **detrimental** 形 不利益な

33　正解（D）　do ➡ make

正しい文と訳

When the light blue glacial runoff water mixes with the deep blue ocean water, the line the converging waters make in the Gulf of Alaska is very clear.

水色で冷たい流出水が藍色の海水と混ざったとき、交差する2種類の水がアラスカ湾に作り出す線は澄んだものになる。

解説

the lineはthe converging watersによって「作られる」ので、doではなくmakeが必要。（➡解法30）

重要語句

- **glacial** 形 冷たい　　**runoff** 名（地中に吸収されずに流れる）雨水
- **converge** 動 集まる

34　正解（D）　federal recognized ➡ federally recognized

正しい文と訳

The Potomac River runs through the capital and is named after the Patawomeck tribe, yet these 500 remaining members do not have federally recognized tribal status.

ポトマック川は首都を流れ、ポタウォメック族にちなんで名づけられたのだが、その生存者である500人は、連邦政府によって部族としての地位を認められていない。

解説

(D) の形容詞federal「連邦の」はその直後にある分詞形容詞recognized「認められる」を修飾しているので、federallyと副詞にしなければならない（➡解法21）。

重要語句

- **tribe** 名 部族、種族　　**federally** 副 連邦によって

35　正解（C）　are connected ➡ is connected

正しい文と訳

The rebuilding tradition of Ise Shrine follows the original, millennium-old blueprints and is connected to the Shinto belief in the cyclical nature of life and death.

伊勢神宮の伝統である改築は、1000年前のオリジナルの設計図どおりに行われ、生と死は循環しているという神道の考えにも関連している。

解説

主語は The rebuilding tradition と単数なので動詞 are を is に修正する（➡解法2）。

重要語句

- □ **rebuild** 動 改築する　□ **millennium-old** 形 1000年前の
- □ **blueprint** 名 青写真、詳細な計画　□ **belief** 名 信仰　□ **cyclical** 形 循環の
- □ **nature** 名 本質、特質

36　正解（B）　dies during ➡ died during

正しい文と訳

A few years after Franklin Roosevelt died during the beginning of his 4th term, Congress passed the 22nd Amendment limiting each president to 2 terms.

フランクリン・ルーズベルトが自身4期目の初めに死んでから数年後、合衆国連邦議会はひとりの大統領の任期を2期までと限定する修正第22条を通過させた。

解説

Franklin Roosevelt が死んだのは議会が修正法案を通過させたよりも以前のことであることがわかるので、(B) の動詞 dies を現在形から過去形 died へと修正する。

重要語句

- □ **term** 名 任期　□ **Congress** 名 （米国の）国会、議会

37　正解（A）　tend to gathering ➡ tend to gather

正しい文と訳

The box jellyfish tend to gather and reproduce near the beaches on the windward shores about 10 days after the full moon, so swimmers avoid said beaches at that time.

ハコクラゲは、満月の約10日後に、風上の海岸の浜辺近くに集まって繁殖する傾向があるので、その時期には遊泳者は当該浜辺を避ける。

解説

tend to +動詞の原形で「〜する傾向がある」という意味。

重要語句

☐ **reproduce** 動 繁殖する　☐ **windward** 形 風上の　☐ **said** 形 上述の

38　正解（A）　has been considered ➡ had been considered

正しい文と訳

Kudzu had been considered a beautiful flowering plant until the latter half of the 20th century when it became an invasive species that killed off many other plant species.

葛は20世紀後半にほかの多くの植物種を全滅させる侵入生物種になるまでは、美しい顕花植物だと考えられていた。

解説

葛が美しい顕花植物だと考えられていたのは、それが20世紀後半に侵入生物種になる以前のことなので、（A）は現在完了ではなく過去完了の had been considered に修正する（➡解法18）。

重要語句

☐ **invasive** 形 侵略的な

39　正解（B）　most long cable-stayed ➡ longest cable-stayed

正しい文と訳

Since 2012, Vladivostok is home to the longest cable-stayed bridge in the world, the Russky Bridge, which spans from the mainland to Russky Island.

2012年以降、ウラジオストックには大陸とルースキー島とをつなぐ、世界でもっとも長い斜張橋であるルースキー橋が存在している。

解説

（B）の形容詞 long は1音節から成る「短い」形容詞なので、最上級を作るときは most ではなく -est を語尾につけて longest とする（➡解法24）。

重要語句

☐ **cable-stayed bridge** 名 斜張橋　☐ **span** 動 （橋が）かかっている

40　正解（D）　than her ➡ than their

正しい文と訳

Due to poorer diets and sedentary lifestyles, 2nd-generation Hispanics in the U.S. have an average lifespan that is 3 years shorter than their immigrant parents.

質の悪い食事と運動をしない生活様式のせいで、合衆国のスペイン系アメリカ人二世の平均寿命は移民であった彼らの親より3年短くなっている。

解説

この文には、（D）に含まれている代名詞herが指し示す名詞が存在しない。文脈から、この代名詞は2nd-generation Hispanics in the U.S.を指し示していると考えられるので、それに数が合致する代名詞theirに修正する（➡解法17）。

重要語句

- □ **sedentary** 形 ほとんど体を動かさない　□ **lifespan** 名 寿命
- □ **immigrant** 名 移民, 移住者

Test 3

Structure

1 正解（D）

完成文と訳

Although responsible for the first detailed accounts of Southwest American Indian tribes, Cabeza de Vaca's failure to re-establish Buenos Aires led to his imprisonment and poverty.

カベサ・デ・バカは、アメリカ南西部のインディアン部族についての初めての詳細な報告書の作成に貢献したが、ブエノスアイレスの復興に失敗したために投獄され、貧困を経験した。

解説

まず選択肢を見て、すべての選択肢に副詞節を導く接続詞が含まれていることを確認する。しかも、これらの接続詞はthough、Even though、Althoughと同じ意味を持っていることにも注意する。次に問題文を見て、カンマ以降に、Cabeza de Vaca's failureを主語、ledを動詞とする節が存在していることを理解する。選択肢と問題文の分析から、空欄には副詞節が必要となる可能性が高いことがわかるが、（A）は接続詞thoughの位置がおかしい。（B）は最後の単語responsibleと空欄直後のthe first detailed accounts ...がつながらない（「～に貢献する」という表現はresponsible for ...と前置詞forが必要）。（C）も最後の単語responsibilityと空欄直後の表現がつながらない。したがって、縮約された副詞節である（D）が正解（➡解法10）。（D）は縮約されていなければ、Although he was responsible for ...となる。ここでのheはCabeza de Vacaを指し示している。

重要語句

- □ **responsible for** ～に貢献して　□ **detailed** 形 詳細な　□ **account** 名 報告
- □ **tribe** 名 種族、部族　□ **re-establish** 動 再建する　□ **imprisonment** 名 投獄

2 正解（C）

完成文と訳

"A 3rd kind of nation," such as Micronesia, is one at risk of complete submergence, whereas the 1st and 2nd "kinds" will suffer the effects of global warming at less damaging levels.

ミクロネシアのような「第3種の国家」は、地球温暖化の影響によって完全に浸水してしまう危険にさらされているのに対し、「第1種の国家」と「第2種の国家」はそれより小さなダメージを受けることになるだろう。

解説

副詞節を導く接続詞whereas以降には、the first and second "kinds" を主語、will sufferを動詞とする副詞節が完成しているので、主にそれ以前に注目して解答する。whereas以前においては、空欄があるため断定はできないものの、"A 3rd kind of nation" が主語のように、空欄直後のisが動詞にように見えることも確認しておく。そこで、(C) を選択すると、such asが含まれているため、「ミクロネシアのような『第3種の国家』…」という意味となり、予想どおり "A third kind of nation" を主語、isを動詞とする節を作ることができる。

重要語句

- **submergence** 名 沈没、浸水　□ **whereas** 接 しかるに
- **suffer** 動（損害など）をこうむる　□ **global warming** 名 地球温暖化

3 正解 (A)

完成文と訳

Despite it being unconstitutional, in the 1803 Louisiana Purchase Jefferson paid $15 million to France for what are now 15 U.S. states and 2 Canadian provinces.

それは違憲な行為であったが、1803年のルイジアナ買収においてジェファソンは、現在、合衆国の15の州とカナダの2つの州となっている場所に対し、フランスに1500万ドル支払った。

解説

問題文には主語をJefferson、動詞をpaidとする節が存在している。文の意味から、空欄以降は何に対してJeffersonが支払いを行ったのかの説明になっていると思われるので、「〜に対し（お金を）支払った」という表現pay (money) for ... を作るため、前置詞forを含む (A) を選択する。完成した文のwhat are now 15 U.S. states and 2 Canadian provincesは前置詞forの直後にある節なので、名詞節だということも理解できるようにしておこう（→解法8）。

重要語句

- **despite** 前 〜にもかかわらず　□ **unconstitutional** 形 違憲の
- **province** 名（カナダ・オーストリアなどの）州

4 正解（A）

完成文と訳

The Aztec empire, weakened and diminished by smallpox and typhus epidemics, lost control to the Spaniards who moved the survivors away from their homes to larger cities.

天然痘とチフスの流行によって衰退し、縮小されたアステカ王国は、生存者を故郷から大きな都市へと移動させたスペイン人に支配権を奪われてしまった。

解説

問題文には主語を The Aztec empire、動詞を lost とする節が存在している。主語 The Aztec empire の直後にカンマで区切られている weakened and diminished by smallpox and typhus epidemics は、The Aztec empire を説明する縮約された関係代名詞節であることも確認しておこう（➡解法11）。空欄直前の the Spaniards「スペイン人」は「人」なので、人を修飾する関係代名詞 who を含む（A）を選択し、空欄以降に who moved the survivors away from their homes to larger cities という関係代名詞節を作る（➡解法7）。

重要語句

□ **diminish** 動 減少させる　□ **smallpox** 名 天然痘　□ **typhus** 名 チフス
□ **epidemic** 名 流行　□ **survivor** 名 生存者

5 正解（B）

完成文と訳

The IRS is suspected of inappropriate partisan activity in approval, or lack thereof, of tax exemption for groups affiliated with the Tea Party and subsequently lying to Congress about it.

合衆国国税庁は、免税申請に対する承認や不承認の過程で、ティー・パーティに関連している団体に対し不適切な党派的活動を行い、またその後、そのことについて連邦議会に対しうそをついていたのではないかという疑惑を持たれている。

解説

問題文には主語を The IRS、動詞を is suspected とする節が存在している。(A) は which が the Tea Party を修飾する関係代名詞のように見えるが、subsequent が副詞ではなく形容詞であるため、その後の動詞 lies とのつながりがおかしい。(C) は they が空欄直前の the Tea Party とつながらない。(D) は空欄直前の the

Tea Party と of their lie のつながりがおかしい。そこで、(B) を選択し、「合衆国国税庁が不適切な党派活動を行っていたことと、連邦議会に対しうそをついたことの2つの疑惑を受けている」という意味にする。つまり、2つの疑惑があったということである。なお、「〜を疑われている」という表現は be suspected of + 名詞または名詞相当句で表される。

重要語句

- □ **suspect** 動 嫌疑をかける   □ **inappropriate** 形 不適切な
- □ **partisan** 形 党派心の強い   □ **or lack thereof** その逆も
- □ **tax exemption** 名 免税   □ **affiliated** 形 関連のある
- □ **subsequently** 副 その後   □ **Congress** 名 国会

6 正解 (C)

完成文と訳

At 275 feet tall and 100 feet wide, "General Sherman" in California's Sequoia National Park is the largest living tree and organism in the world.

カリフォルニア州のセコイア国立公園にある高さ275フィート、幅100フィートの「シャーマン将軍の木」は、世界でもっとも大きな生きた木であり、有機体である。

解説

まず選択肢を見て、形容詞 large またはその比較級 larger や最上級 largest、そして名詞 tree が含まれていることを確認しておこう。問題文の主語は "General Sherman"、動詞は is である。空欄直前に定冠詞 the があることから、最上級 largest が含まれた (C) を選択する。また、問題文の最後にある in the world という表現も、空欄には最上級が必要であることのヒントとなる (➡解法24)。

重要語句

- □ **organism** 名 有機体

7 正解 (D)

完成文と訳

The rapidly multiplying zebra mussel has spread throughout Europe and the Great Lakes region, causing massive damage by clogging many factories' and plants' water pipes and valves.

急速に増殖しているカワホトトギス貝はヨーロッパと五大湖周辺に拡散してきており、多くの製造所や工場の送水管や送水バルブを詰まらせて大きな損害を与えている。

解説

問題文の主語はThe rapidly multiplying zebra mussel、動詞はhas spreadである。空欄にほかの節が入るのであれば、その節とカンマ以前の節を結ぶ接続詞が必要なはずだが、どの選択肢にも接続詞が含まれていない。そこで、（D）を選ぶと節を作らずに文を完成させることができる。空欄以降は、縮約された副詞節である。縮約されていなければ、as/because the zebra mussel causes massive damage by clogging many factories' and plants' water pipes and valvesとなる。通常、縮約された副詞節では副詞節を導く接続詞は残されるが、ここでは文の意味が明らかなので、接続詞も削除されている（➡解法10）。

重要語句

□**rapidly** 副 急速に　□**multiply** 動 繁殖する
□**zebra mussel** 名 カワホトトギス貝　□**massive** 形 大規模の
□**clog** 動 詰まらせる

8　正解（A）

完成文と訳

All 3 Brontë sisters, Charlotte, Emily and Anne, who were poets and novelists in mid-19th century England, paved the way for feminist literature before their untimely deaths.

19世紀半ばのイギリスで、詩人であり、小説家でもあったCharlotte、Emily、そしてAnneのBrontë三姉妹の全員は、彼女たちの早すぎる死の前にフェミニスト文学への道を切り開いた。

解説

問題文の主語はAll three Brontë sisters、動詞はpavedである。カンマで区切られたCharlotte, Emily and Anneが主語All three Brontë sistersの同格になっていることも確認しておこう（➡解法3）。空欄からEnglandまでは、Brontë三姉妹の説明になっているので、「人」を修飾する関係代名詞whoから始まる（A）を選択する（➡解法7）。

重要語句

□**poet** 名 詩人　□**novelist** 名 小説家　□**pave the way for** 〜の道を開く
□**untimely death** 名 早死に

9　正解（B）

完成文と訳

Translator Beate Sirota Gordon, who worked under General MacArthur, was responsible for Articles 14 and 24 of the Japanese constitution that guarantee women equal rights.

マッカーサー将軍の下で働いた、翻訳家のベアテ・シロタ・ゴードンは、女性に平等な権利を保障した日本国憲法第14条と第24条に貢献した。

解説

問題文には主語を Translator Beate Sirota Gordon、動詞を was とする節がある。また、who worked under General MacArthur は Translator Beate Sirota Gordon を説明する関係代名詞節になっていることも確認しておこう。空欄以降は Articles 14 and 24 of the Japanese constitution の説明になっているので、関係代名詞から始まる（B）または（D）が正解の候補となる。「これらの条文が女性に平等な権利を与えた」という意味にするために語順に注意し、（B）を選択する（➡解法7）。

重要語句

☐ constitution 名 憲法　☐ guarantee 動 保障する　☐ equal 形 平等の
☐ right 名 権利

10　正解（B）

完成文と訳

The Southeast Texas ghost town of Indianola was never rebuilt after the 1875 and 1886 hurricanes and fire killed 100s and obliterated most of the buildings.

テキサス南東部のゴーストタウンであるインディアノーラは、1875年と1886年に発生したハリケーンと火事が多くの人々を殺し、大部分の建物を破壊した後、二度と再建されることがなかった。

解説

空欄以降は、接続詞 after から始まり、the 1875 and 1886 hurricanes and fire を主語、killed を動詞とする副詞節となっている（➡解法6）。ということは、それ以前に別の節が必要なはずだが、文頭にある The Southeast Texas ghost town が主語のように見えるものの、動詞が存在していない。そこで、空欄には動詞を入れることとなる。文の意味から考えると、「ゴーストタウン…は、再建されることが

なかった」と受動態が必要なので、be動詞であるwasと動詞rebuildの過去分詞であるrebuiltが含まれた（B）を選択する（➡解法20）。

重要語句
□ **rebuild** 動 再建する　□ **obliterate** 動 完全に破壊する

11　正解（C）

完成文と訳
The new Vostochny cosmodrome will prevent any future environmental impact disputes between Russia and Kazakhstan over the Proton-M booster rocket fuel spills at Baikonur.
新ボストチヌイ宇宙基地は、ロシアとカザフスタン間の、プロトンM型ロケットによるバイコヌールにおける燃料流出が環境に与える影響に関する将来の紛争をすべて防止するだろう。

解説
文頭にあるThe new Vostochny cosmodromeは主語のように見えるが、問題文には動詞が存在しない。したがって、空欄には動詞を入れる必要がある（➡解法2）。動詞になりうるのは（A）と（C）だが、（A）には三人称単数現在のsがついていないので、主語に合致しない。（B）は動詞preventの現在分詞。（D）は名詞。

重要語句
□ **prevent** 動 妨げる　□ **dispute** 名 紛争、論争　□ **fuel** 名 燃料　□ **spill** 名 流出

12　正解（C）

完成文と訳
Only 5% of bronchitis cases are bacterial, as opposed to viral, but this rare type of bronchitis is more serious, requires antibiotics, and is characterized by dark, thick mucus.
気管支炎のうちウイルス性ではなく細菌性なのはたったの5%であるが、この珍しい種類の気管支炎はより深刻で、抗生物質による治療を必要とし、色のついた濃い痰を出すことで知られている。

解説
問題文にはすでに、5%という主語とareという動詞が存在している。しかし、そ

れ以降を見るとbronchitisの直後のis、requires、そしてis characterizedなど、ほかにも動詞または動詞のように見える表現が数多く存在しているため、複雑な文型を持つ問題文である可能性がある。しかし、この問題文では空欄直前のas opposedという表現がヒントとなる。as opposedを使ってA as opposed to B「Bとは対照的にAは」という表現を作りたいので、前置詞toから始まる（A）または（C）が正解の候補となる。A as opposed to Bという表現中のAとBは並列構造を要求するため、bacterial「細菌性の」と同じ品詞である形容詞viral「ウイルス性の」が含まれた（C）を選択する（➡解法27）。確認のため完成した文を分析すると、1つ目の節の主語が5%、動詞がare、2つ目の節の主語がthis、動詞がbronchitisの直後のis、requires、そしてis characterizedと3つあることがわかる。そしてこれら2つの節をカンマと等位接続詞butが結んでいるという構造である。

重要語句

☐ **bronchitis** 名 気管支炎　☐ **bacterial** 形 細菌性の
☐ **as opposed to** 〜とは対照的に　☐ **viral** 形 ウイルス性の
☐ **antibiotics** 名 抗生物質　☐ **characterize** 動 特徴づける　☐ **mucus** 名 粘液

13　正解（C）

完成文と訳

Made in Mainz, Germany, in the 1450s and the first book in the Western world to be printed on a printing press, 48 original copies of the Gutenberg Bible survive.
1450年代にドイツのマインツで作られ、印刷機で印刷された西洋社会初の本であったグーテンベルク聖書の48の原本は現在も残っている。

解説

主語はcopies、動詞はsurviveである。どの選択肢にも接続詞が含まれていないので、空欄にほかの節を作ることはできない。ここで、空欄からa printing pressまでが48 original copies of the Gutenberg Bibleを説明した関係代名詞節の縮約形であることに気づかなければならない。縮約しない場合は、48 original copies of the Gutenberg Bible, which was made in Mainz, Germany, in the 1450s and the first book in the Western world to be printed on a printing press, survive. となる。カンマではさまれた関係代名詞節が縮約形になった場合は、文頭に移動することができることを確認しておこう（➡解法11）。

重要語句
- **printing press** 名 印刷機　□**copy** 名（本・雑誌などの）部、冊
- **survive** 動 残存する

14　正解（B）

完成文と訳
A defeater of the Moors and past ruler of Valencia, Rodrigo Díaz de Vivar or "El Cid" is a popular historical figure in Spain about whom many stories and songs are written.

昔、ムーア人を倒し、バレンシアを統治した「エル・シド」ことロドリゴ・ディアス・ド・バイバーは、スペインの歴史上の有名人で、多くの物語や歌が彼について書かれている。

解説
問題文には、主語Rodrigo Díaz de Vivar or "El Cid" と動詞isから成る1つ目の節が存在する。また、空欄の直後にも主語stories and songs、動詞are writtenから成る2つ目の節がある。そこで、空欄にはこれら2つの節を結ぶ接続詞を入れる。文の意味から、many stories and songs are writtenはRodrigo Díaz de Vivarについての説明であることが予想できるので、下線部には関係代名詞を入れる。選択肢の中で関係代名詞は（A）と（B）であるが、Rodrigo Díaz de Vivarは「人」なので、「人」を修飾する関係代名詞（B）を選択する（➡解法7）。

重要語句
- **defeater** 名 勝者　□**ruler** 名 統治者　□**figure** 名 大立物、名士

15　正解（D）

完成文と訳
Approximately 215 million kids in 71 countries in Africa, Asia and Latin America are estimated to be child laborers of around 130 types of goods.

アフリカ、アジア、ラテンアメリカの71カ国で、130種類の品物に関して、児童労働者が約2億1500万人いると推定されている。

解説
主語のように見えるkidsに対応する動詞が存在しないので、空欄には動詞を入れる（➡解法2）。「推定されている」という文の意味から、受動態の（D）を選択する（➡解法20）。

重要語句

☐ approximately 副 おおよそ　☐ estimate 動 推定する

Written Expression

16 正解(B) most ➡ more

正しい文と訳

The Industrial Revolution of the early to mid 19th century was more of a gradual transition than a revolution, but it is considered the most important era for humanity.

19世紀初期から中期の産業革命は、革命というよりは緩やかな移行であったのだが、それは人類にとってもっとも重要な時期であったと考えられている。

解説

問題文中にthanという比較級独特の表現があることから、Bは最上級を表すmostではなく比較級moreに修正する(➡解法24)。なお、more of A than Bは「BというよりはむしろAである」という意味の表現。

重要語句

□ **the Industrial Revolution** 名 産業革命   □ **gradual** 形 漸進的な
□ **transition** 名 移行   □ **era** 名 時代、時期

17 正解(D) continue today ➡ continues today

正しい文と訳

The Peace Corps volunteer agency, which was established on March 1, 1961 by President John F. Kennedy and the Department of State, continues today.

1961年3月1日にジョン・F・ケネディ大統領と国務省によって設立された平和部隊ボランティア機構は現在も存続している。

解説

主語はThe Peace Corps volunteer agencyと単数なので、それに対応する動詞continueは、continuesと三人称単数現在のsが必要(➡解法2)。

重要語句

□ **establish** 動 設立する

18　正解（B）　leave behind much ➡ leave behind many

正しい文と訳

In contrast to the Athenians, the Spartans did not leave behind many artifacts or written works about themselves, so there is much that is unknown about them.
アテナイ人とは対照的に、スパルタ人は自分たちに関する多くの芸術品や書物を残さなかったので、彼らについてはわからないことが多くある。

解説

（B）に含まれている形容詞 much は、直後の artifacts or written works という複数名詞を修飾しているので、many に修正する。形容詞 much は不可算名詞に使用される（➡解法15）。

重要語句

- □ in contrast to 〜と対照的に　□ leave behind 〜を後に残す
- □ artifact 名 人工の物

19　正解（C）　them would ➡ one would

正しい文と訳

According to Greek mythology, even if one managed to avoid Medusa's fatal stare, one would most likely be killed by the venomous snakes flowing from her head.
ギリシャ神話によると、人はメドゥーサの死につながる凝視を逃れたとしても、彼女の頭から出てくる毒蛇によって殺されてしまう可能性が高かった。

解説

（C）に含まれている代名詞 them は動詞 would ... be killed に対する主語であるべきなので、主格の代名詞で（C）より以前に出てきた one に修正する。

重要語句

- □ mythology 名 神話　□ fatal 形 命取りになる　□ venomous 形 有毒な

20　正解（B）　most is ➡ most are

正しい文と訳

There are around 149 species of mangrove trees, and most are hermaphrodite with

5-petal, insect-pollinating flowers.
約149種類のマングローブの木が存在しており、ほとんどは雌雄同体で、昆虫によって受粉を行う5枚の花弁から持つ花を咲かせる。

解説
（B）の主語はmostであるが、これはmost mangrove treesの意味なので、複数形を意味している。したがって、動詞も複数形となる（➡解法2）。

重要語句
- **hermaphrodite** 形 雌雄同花の、両性花の **petal** 名 花弁
- **insect-pollinating** 形 虫媒受粉の

21 正解（A） has developing ➡ has developed

正しい文と訳
Pelamis Wave Power has developed 6 renewable energy wave machines that are operating in waters off the coast of Portugal and Scotland.
ペラミス・ウェーブ・パワーは、ポルトガルとスコットランド沖の海水中で稼働する、6機の再生可能エネルギー人工波発生装置を開発した。

解説
過去に始まり、現在までに完了している事象を説明しているので、have/has＋過去分詞developedで現在完了形を作る（➡解法18）。

重要語句
- **renewable** 形 再生可能な

22 正解（D） to work proper ➡ to work properly

正しい文と訳
Calcium can be found in every food group and is necessary for the circulatory, muscular, nervous, endocrine and skeletal systems to work properly.
カルシウムはすべての食品群中に存在し、循環系、筋肉系、神経系、内分泌系、そして骨格系が適切に機能するために必要である。

解説
properは動詞workを修飾しているので、形容詞ではなく副詞properlyに修正する（➡解法21）。

重要語句

- **circulatory** 形 循環の
- **muscular** 形 筋肉の
- **nervous** 形 神経の
- **endocrine** 形 内分泌の
- **skeletal** 形 骨格の
- **properly** 副 適切に

23　正解（B）　by ➡ since

正しい文と訳

In 1997, the Deep Blue chess machine defeated World Chess Champion Kasparov, and since 2005, even home computers have defeated the world's strongest chess players.

1997年、チェスをするコンピューターであるディープ・ブルーがチェスの世界チャンピオンであるカスパロフを破り、2005年以降は家庭用コンピューターでさえ、世界でもっとも強いチェスのプレーヤーを破っている。

解説

by 2005という時を表す表現は、直後のeven home computers have defeated the world's strongest chess playersを修飾している。この修飾されている節では現在完了が使われているため、byは現在完了と使用され、時を表す前置詞であるsinceに修正し、「2005年以降は…」という意味にする（➡解法26）。

重要語句

- **defeat** 動 負かす

24　正解（D）　in high ➡ at high

正しい文と訳

A UGA study in 2005 showed that contrary to popular belief, airbags increased the likelihood of death in car accidents, particularly those occurring at high speeds.

UGAによる2005年の研究は、一般に信じられているのは逆に、特に、スピードが出ている場合、エアーバッグは車の事故における死亡率を高めるということを示した。

解説

「速いスピードで」は、at high speedsと前置詞inではなくatを使って表される（➡解法26）。

重要語句

□ **contrary to** 〜とは逆に　□ **belief** 名 信じること　□ **likelihood** 名 可能性

25　正解（C）　scattering along ➡ scattered along

正しい文と訳

Even with the Eco Everest Expedition annual cleaning project, there is still an estimated 10 tons of frozen rubbish scattered along Mount's Everest's climbing routes.

エコ・エベレスト探検隊によって毎年清掃プロジェクトが行われているにもかかわらず、いまだ推定10トンの凍ったごみがエベレストの登山道に散乱している。

解説

（C）の部分はrubbishを説明する関係代名詞節の縮約形。関係代名詞節に戻すと、frozen rubbish which is scattered along ... となる。ここから縮約形を作るために関係代名詞とbe動詞を削除すると、現在分詞ではなく過去分詞scatteredが残ることになる（➡解法11）。

重要語句

□ **rubbish** 名 廃棄物　□ **scatter** 動 まき散らす

26　正解（A）　involving ➡ involves

正しい文と訳

LASIK surgery involves reshaping the eye's cornea with a laser and is meant to improve the patient's vision permanently.

レーシック手術は、目の角膜をレーザで再形成し、それはつまり患者の視力を永久的に改善することを意味している。

解説

文の主語はLASIK surgeryであり、この主語にinvolveとis meantという2つの動詞がくっついていることに注意。主語が単数なので、動詞involveには三単現のsをつけてinvolvesとする（➡解法2）。

重要語句

□ **surgery** 名 外科手術　□ **involve** 動 意味する　□ **cornea** 名 角膜
□ **patient** 名 患者　□ **permanently** 副 永久に

27　正解（B）　many of which ➡ many of whom

正しい文と訳

Pickett's Charge was a 12,500 infantry assault by the Confederates, many of whom became casualties, resulting in the end of the 3-day Battle of Gettysburg.

「ピケットの突撃」とは、南部連合軍の歩兵1万2500人による攻撃であったが、その多くが死傷者となった結果、3日間にわたるゲティスバーグの戦いが終了した。

解説

（B）に含まれている関係代名詞whichが修飾するのはinfantry「歩兵」という「人」なので「物」を修飾するwhichではなく、「人」を修飾するwhomに修正する。前置詞の直後に来る関係代名詞はwhoではなく常にwhomになることも確認しておこう（➡解法7）。

重要語句

☐ **infantry** 名 歩兵　☐ **assault** 名 激しい襲撃、攻撃　☐ **casualty** 名 死傷者

28　正解（B）　to served ➡ to serve

正しい文と訳

In 2013 Flushing's P.S. 244 in New York City became the first public school in the United States to serve strictly vegetarian meals in their cafeteria from 2013.

ニューヨーク市フラッシングのP.S. 244は2013年、カフェテリアで菜食主義者用の料理のみを出す、合衆国で最初の公立学校となった。

解説

（B）は直前のthe first public school in the United Statesを修飾する不定詞なので、toの後には動詞の原形が必要。servedをserveに修正する。

重要語句

☐ **strictly** 副 厳格に　☐ **vegetarian** 形 菜食主義者の

29　正解（A）　was on the decline ➡ were on the decline

正しい文と訳

The cowboy ballads in country music were on the decline due to the influence of pop music in the 1960s and "outlaw country" and "urban country" in the 1970s.

カントリーミュージックにおけるカウボーイ・バラッドは、1960年代のポピュラーミュージックと1970年代の「アウトロー・カントリー」と「アーバン・カントリー」の影響を受けて、衰退した。

解説
（A）に含まれている動詞wasに対応する主語はthe cowboy balladsと複数形なので、wasはwereに修正する。主語と動詞の間に挿入されているin country musicに影響されないよう注意。

重要語句
☐ **on the decline** 衰えて

30　正解（D）　have been ➡ has been

正しい文と訳
Because of the Endangered Species Act of 1973, NOAA has strictly regulated the use of commercial fishing gear that has been known to catch or harm sea turtles.
1973年の絶滅危惧種保護法によって、米国海洋大気庁は、ウミガメを捕獲したり傷つけたりするとして知られている商業用漁具の使用を厳しく規制している。

解説
（D）の直前にあるthatは関係代名詞で、それが修飾するcommercial fishing gearは単数なので、動詞をhas beenに修正する。

重要語句
☐ **endangered species** 名 絶滅危惧種　☐ **strictly** 副 厳格に
☐ **regulate** 動 規制する　☐ **fishing gear** 名 漁具

31　正解（B）　consumed for its ➡ consumed for their

正しい文と訳
Not the usual roasted coffee beans but the green ones are being consumed for their chlorogenic acid content which is said to stabilize blood sugar and metabolism.
通常の焙煎されたコーヒー豆ではなく、血糖値と代謝を安定させるといわれているクロロゲン酸を含んでいるとして緑色の豆が消費されている。

解説
（B）に含まれている代名詞itsが指し示しているのはthe green onesという複数形

なので、theirに修正する（➡解法17）。

重要語句
- ☐ **roast** 動 焙煎する   ☐ **consume** 動 消費する
- ☐ **chlorogenic acid** 名 クロロゲン酸   ☐ **content** 名 含有量
- ☐ **stabilize** 動 安定させる   ☐ **blood sugar** 名 血糖値   ☐ **metabolism** 名 代謝

32　正解（C）　of wisdom hidden ➡ of hidden wisdom

正しい文と訳
Because the area between the eyebrows is thought to be the *3rd eye* or location of hidden wisdom, Hindus place bindis there to heighten their concentration and energy.

眉毛の間は、「第三の目」または隠れた英知がある場所であると考えられているので、ヒンドゥー教徒は集中力とエネルギーを高めるためそこにビンディーをつける。

解説
（C）は「隠れた知恵」という意味にしたいので、形容詞hiddenを名詞wisdomの前に移動させる。語順の問題である（➡解法29）。

重要語句
- ☐ **eyebrow** 名 眉毛   ☐ **wisdom** 名 英知   ☐ **Hindu** 名 ヒンドゥー教徒
- ☐ **bindi** 名 ビンディー《額の中央につける点》   ☐ **heighten** 動 高める
- ☐ **concentration** 名 集中力

33　正解（A）　Reindeers ➡ Reindeer

正しい文と訳
Reindeer and caribou are similar species, but the former is a domesticated animal in northern Europe and Asia, and the latter is found in the wild tundra of North America.

トナカイとカリブーはよく似た種であるが、前者は北ヨーロッパとアジアにおける家畜であるのに対し、後者は北アメリカの自然のツンドラ地帯に存在している。

解説
（A）のReindeer「トナカイ」は、単数形も複数形もreindeerとなる。複数を意味したい場合でもreindeersとsのついた表現は使用できない（➡解法16）。

重要語句

- **reindeer** 名 トナカイ　　**caribou** 名 カリブー
- **domesticated** 形 家畜化された　　**tundra** 名 ツンドラ、凍土帯

34　正解（A）　It is scientifically ➡ It was scientifically

正しい文と訳

It was scientifically proven in 1980 that Bedouins' black robes did not absorb more heat in the desert than white robes because of the cool air blowing underneath the robes.

冷たい空気が服の下を流れるために、ベドウィンの黒い服は白い服に比べても砂漠の熱を吸収しないということは、1980年に科学的に証明された。

解説

1980年に起こったことなので、（A）の時制は過去でなければならない。

重要語句

- **prove** 動 証明する　　**Bedouin** 名 ベドウィン《アラブ系遊牧民》
- **robe** 名 ローブ《ゆったりとした外衣》　　**underneath** 前 〜の下に

35　正解（D）　and others fish ➡ and other fish

正しい文と訳

Formed by glaciers, fjords are often deeper than the nearby sea, and in those depths are coral reefs teaming with plankton, anemones, sharks and other fish.

氷河によって形成されたフィヨルドは、しばしば近くの海より深く、その深い所にはサンゴ礁がプランクトン、イソギンチャク、サメやその他の魚類と共存している。

解説

（D）のothersは代名詞であるが、名詞fishを修飾して「その他の魚類」という意味にしたいのでotherと形容詞に修正する（➡解法21）。

重要語句

- **glacier** 名 氷河　　**fjord** 名 峡湾、フィヨルド　　**coral reef** 名 サンゴ礁
- **team with** 〜と協力する　　**anemone** 名 イソギンチャク

36　正解（B）　a extremely low → an extremely low

正しい文と訳

Dry ice is possible through a process called sublimation, where an extremely low temperature solid directly transforms into a gas, and the liquid stage is averted.
ドライアイスは、極端に低い温度に置かれた個体が液体になることなく直接気体へと変換される、昇華という過程によってできあがる。

解説

extremelyという単語は母音で始まっているので、この前につく不定冠詞はaではなくanに修正する（➡解法25）。

重要語句

- □**sublimation** 名 昇華　□**extremely** 副 極度に、極端に
- □**transform** 動 変化する　□**avert** 動 避ける

37　正解（A）　Approximately 70% Japanese → Approximately 70% of Japanese

正しい文と訳

Approximately 70% of Japanese mothers quit work after having children, and while 70% of them say they want to go back to work eventually, only 43% actually do.
日本人の母親の約70％は子どもを持った後仕事を辞め、その中の70％はいずれ仕事に戻りたいと言っているが、実際には43％しか仕事に復帰しない。

解説

「～パーセントの～」と表現したい場合、～％ of ～と前置詞ofを使わなければならない（➡解法26）。

重要語句

- □**quit** 動 辞める　□**eventually** 副 ゆくゆくは、いつかは

38　正解（A）　last longest → last longer

正しい文と訳

While fluorescent bulbs save energy and last longer, due to their price and harmful

mercury content, they have yet to completely replace their incandescent counterparts.
蛍光灯はエネルギーを節約し、長持ちするが、その値段と有毒な水銀を含んでいるために、いまだ白熱灯に完全に取ってかわってはいない。

解説
蛍光灯と白熱灯の2つが比較されているので、(A) は最上級 longest ではなく比較級 longer に修正する（➡解法24）。

重要語句
- **fluorescent bulb** 名 蛍光灯　　**due to** 〜のせいで　　**harmful** 形 有害な
- **mercury** 名 水銀　　**incandescent** 形 白熱の
- **counterpart** 名 相対物、対照物

39　正解（B）　by who ➡ by whom

正しい文と訳
Japanese law carefully dictates how and by whom blowfish is prepared to prevent the ingestion of the deadly tetrodotoxin, of which the highest concentration is in the liver.
日本の法律は、肝臓にもっとも高濃度で存在する致死性のテトロドトキシン摂取を防ぐため、どのように、また誰によってフグが調理されるかを注意深く定めている。

解説
前置詞の後に来る、「人」を修飾する関係代名詞は常に who ではなく whom である（➡解法7）。

重要語句
- **dictate** 動 指令する　　**blowfish** 名 フグ　　**ingestion** 名 摂取
- **deadly** 形 命に関わる　　**tetrodotoxin** 名 テトロドトキシン《フグ毒の成分》
- **concentration** 名 濃度、密集　　**liver** 名 肝臓

40　正解（C）　proved ➡ proven

正しい文と訳
Plato wrote that Atlantis sank in one day, and though the island's existence has not been proven, Doggerland and other submerged landforms are suspected to be

Atlantis.

プラトンは、アトランティスは一日で沈んだと記し、この島の存在は証明されていないのだが、ドッガーランドやその他の水没した地形はアトランティスだったのではないかと考えられている。

解説

(C) は though から始まる副詞節の動詞の一部を構成しているが、受動態は be 動詞＋過去分詞で表される。不規則動詞 prove の過去分詞は proven である（➡解法20）。

重要語句

□ **submerge** 動 水没させる　□ **landform** 名 地形　□ **suspect** 動 推測する

Test 4

Structure

1 正解 (A)

完成文と訳

While ancient Egypt was polytheistic, and modern Egypt is primarily Islamic, the most prevalent religion in Egypt between the 3rd and 6th centuries was Christianity.

古代エジプトは多神教であり、現代エジプトは基本的にはイスラム教であるが、3世紀から6世紀の間にもっとも普及していた宗教はキリスト教であった。

解説

問題文は、接続詞Whileから始まる副詞節で始まっているので、空欄以降にはもう1つの節が必要（➡解法4、6）。もう1つの節の動詞は6th centuriesの後のwasだが主語が存在しないので、空欄には主語となりえる（A）を選択する。

重要語句

- □ ancient 形 古代の □ polytheistic 形 多神教の □ Islamic 形 イスラム教の
- □ prevalent 形 普及している □ Christianity 名 キリスト教

2 正解 (B)

完成文と訳

Wrestling has existed for several millennia, but the modern-day Olympic sport of Greco-Roman-style wrestling originated in 19th-century France.

レスリングは数千年にわたって存在しているが、現代のオリンピック競技のようなグレコローマンスタイルのレスリングは19世紀のフランスで始まった。

解説

問題文の最初に主語がWrestling、動詞がhas existedである節があるが、その後にカンマがあり等位接続詞butがあるので、もう1つ節があることがわかる（➡解法5）。2つ目の節の主語はthe modern-day Olympic sportであるが動詞がないので、空欄には動詞が必要（➡解法2）。選択肢の中で動詞が含まれているのは（B）と（C）だが、（C）の動詞wrestlesとoriginatesはどちらも三単現のsがついているのがおかしい。現在の形のレスリングが始まったのは19世紀なので、

動詞の過去形originatedが含まれている（B）を選択する。

重要語句

- □ **millennia** 名《**millennium**（1000年）の複数形》
- □ **originate** 動 起こる、生じる

3　正解（D）

完成文と訳

Fermented soybeans contain the same amount of nutrients as tofu and soy milk, but they are much easier for the human body to digest because they are unprocessed.
発酵大豆は豆腐や豆乳と同量の栄養素を含んでいるが、発酵大豆は未加工であるため、発酵大豆のほうが人体による消化がはるかに容易である。

解説

最初の節の主語はFermented soybeans、動詞はcontainで、これがカンマと等位接続詞butによって2つ目の節と結ばれている（➡解法5）。2つ目の節の主語はthey（Fermented soybeansを指し示している）、動詞はareである。その後さらに接続詞becauseがあるので、空欄には副詞節となる主語と動詞が必要であることがわかる（➡解法6）。選択肢の中で主語と動詞となりうるものを含んでいるのは（C）と（D）であるが、（C）は主語の代名詞itが何を指し示しているかがわからない。そこで、主語の代名詞theyがFermented soybeansを指し示している（D）を選択する。

重要語句

- □ **fermented** 形 発酵した　□ **soybean** 名 大豆
- □ **nutrients** 名 栄養素《通例複数》　□ **digest** 動 消化する
- □ **unprocessed** 形 加工されていない

4　正解（B）

完成文と訳

The Norse-style horned helmets were not worn by Viking warriors but by Norse priests during religious ceremonies.
スカンジナビア式の角のついたヘルメットは海賊がかぶっていたのではなく、スカンジナビア

の聖職者によって宗教儀式の間かぶられていた。

解説

選択肢のうち（C）と（D）が副詞節を導く接続詞であることに注目する。しかし、空欄の後には主語と動詞、つまり節がないので、（C）と（D）は選択できない（➡解法6）。（A）のneitherを選択すると、neither A nor B「AでもBでもない」という表現を作るために問題文のどこかにnorが必要であるが存在しない。そこで、（B）のbutを選択し、not A but B「AではなくB」という表現を作る。

重要語句

- **Norse-style** 形 スカンジナビア式の　□ **horned** 形 角のある
- **warrior** 名 戦士　□ **priest** 名 聖職者、司祭

5　正解（A）

完成文と訳

The depletion of ozone in the stratosphere located over Antarctica has created an increase in ultraviolet radiation and consequently an increase in skin cancer cases in Australia.

南極大陸上の成層圏におけるオゾン層の減少は、紫外線の増加をもたらし、結果としてオーストラリアにおける皮膚癌の症例の増加ももたらした。

解説

問題文の主語はThe depletion、動詞はhas createdである。問題文の意味に注目すると、オゾン層が減少→紫外線の増加→オーストラリアの皮膚癌の症例の増加、という関係性であることがわかるので、そのような意味になる（A）を選ぶ。

重要語句

- **depletion** 名 減少　□ **ozone** 名 オゾン　□ **stratosphere** 名 成層圏
- **Antarctica** 名 南極大陸　□ **ultraviolet** 形 紫外線の　□ **radiation** 名 放射
- **skin cancer** 名 皮膚癌　□ **case** 名 症例

6　正解（C）

完成文と訳

Hugo Chávez, the President of Venezuela, has reformed the country based on his controversial socialist "Bolivarian Revolution" movement.

ベネズエラ大統領のウゴ・チャベスは自身が主張する、賛否両論のある「ボリバル改革」社会主義運動によって、国を改革してきた。

> 解説

問題文の最初が空欄になっていること、また、空欄の直後に動詞のように見える reformed があることから、空欄には主語が入る可能性が高い（➡解法2）。（A）は現在分詞 Having の意味が通らない。（B）は関係代名詞節 who is the President of Venezuela の前後にカンマがあれば正解になる。（C）を選択すると Hugo Chávez が問題文の主語になり、カンマで区切られた the President of Venezuela は主語に対する同格となる（➡解法3）。主語に対する動詞は has reformed ということになる。（D）には接続詞が含まれていないし、これを選択すると空欄直後の動詞 reformed に対応する主語がないことから不可。

> 重要語句

☐ **reform** 動 改革する   ☐ **controversial** 形 議論の余地のある

7　正解（B）

> 完成文と訳

With the advent of Facebook pages, blogs are decreasing in popularity for personal use or fan pages.
フェイスブックの出現によって、ブログは個人的に利用するにしてもファンページとしても人気がなくなっている。

> 解説

主語は blogs であるが、動詞が存在しないので、空欄には動詞が入ると考える。動詞らしいものを含んでいる選択肢は（A）、（B）、（D）であるが、（A）の動詞 decreases は三単現の s があり、複数形の主語 blogs と一致しない。（D）の動詞 decreased は過去形になっているが、過去形を使用する理由がない。そこで主語 blogs と数が一致し、時制も無理がない現在進行形である are decreasing が含まれた（B）を選択する（➡解法2）。

> 重要語句

☐ **advent** 名 到来、出現

8　正解（D）

完成文と訳
Michael Jackson was only 18 years old when he released *Thriller*, which is the best-selling album of all time.
マイケル・ジャクソンは、史上最高の売り上げを記録したアルバム、『スリラー』を発表したとき、たった18歳であった。

解説
問題文には主語をMichael Jackson、動詞をwasとする節がある。その後に接続詞whenから始まり、heを主語、releasedを動詞とする副詞節がある（→解法6）。つまり、もし空欄にもう1つ節を入れるとすると接続詞も必要になることを確認してから、選択肢を分析しよう（→解法4）。（A）にはwas、（B）にはisという動詞があるが、接続詞が含まれていない。（C）には関係代名詞thatがあるが、これと直後の the albumの間に必要なはずの動詞がない。そこで、（D）を選択し、関係代名詞節を空欄に入れる（→解法7）。

重要語句
- **of all time** いまだかつて例のない

9　正解（C）

完成文と訳
Despite the 75% success rate of vaginal births after cesarean, seldom do local hospitals take the risk because they are not equipped for emergency C-sections.
帝王切開後の普通分娩の成功率が75%であるにもかかわらず、緊急帝王切開の設備が整っていないため、危険を冒して普通分娩を実行する地元の病院はほとんどない。

解説
空欄直前の副詞seldom「ほとんど〜しない」に注目する。seldomのような表現は否定表現と同様に扱われるため、この後に主語と動詞があると倒置が起こる。そこで、倒置された主語と動詞を含む（C）を選択する。カンマの後を倒置しないとすると、local hospitals seldom take the risk because ...となる。倒置を行うときに、doが必要であることを確認しておこう（→解法13）。

重要語句
- **vaginal birth after cesarean** 帝王切開後経膣分娩
- **equip** 動 装備する

☐ **emergency** 形 緊急の　　☐ **C-section** 名 帝王切開

10　正解（B）

完成文と訳

As a result of the events on September 11, 2001, the Department of Homeland Security was formed and given an annual budget of $60.8 billion.
2001年9月11日に起きた出来事の結果、米国国土安全保障省が作られ、600億ドルの年間予算を与えられた。

解説

主語はthe Department of Homeland Securityであるが、動詞が存在しないので、空欄には動詞が必要。過去形の受動態を含む（B）を選択する（➡解法18、20）。

11　正解（D）

完成文と訳

Maglev trains, which are levitated and propelled by magnets, are significantly faster, quieter, safer, and more ecological, though more expensive to make, than other trains.
空中に浮かび、磁石によって推進されるリニアモーターカーは、ほかの電車よりかなり速くて、静かで、安全で、環境に良いが、製作費はより高くつく。

解説

選択肢の中で（B）、（C）、（D）が動詞areを含んでいること、また、（C）と（D）が関係代名詞whichを含んでいることを確認しておこう。主語のように見えるのはMaglev（実際には主語の一部）、動詞はareであるので、空欄に節が入る場合は接続詞も必要となる。（C）を選択すると主語はMaglevになってしまうので、なぜ動詞areが複数形かの説明がつかない。（D）を選択すると、主語がMaglev trainsと複数形だったことがわかり、which以下はこの主語を修飾する関係代名詞節となる（➡解法7）。

重要語句

☐ **maglev** 名 リニアモーターカー　　☐ **levitate** 動 空中に浮揚させる
☐ **propel** 動 推進する　　☐ **significantly** 副 著しく

12　正解（C）

完成文と訳

Chromatography works because the color molecules in a sample will each have different polarities and solubility and thus separate from the solution at different points.

クロマトグロフィーが機能するのは、標本の色の分子のそれぞれが異なる極性と溶解性を持ち、そのために溶液から異なるタイミングで分離するからである。

解説

Chromatographyが主語のように見えること、また、will ... have ... and ... separateが動詞のように見えることを確認してから選択肢を分析する。主語と動詞らしきものが問題文にすでに存在するので、空欄にほかの節を入れる場合は接続詞も必要である。(A) には動詞workがあるが、接続詞がない。(B) は意味が通じない。(C) を選択すると、動詞worksが主語Chromatographyに対応し、これが正解となる。つまり、接続詞becauseから始まり、主語がthe color molecules、動詞がwill ... have ... and ... separatedである副詞節を作ることができる（➡解法6）。(D) は接続詞becauseがあるが、動詞がないので不可。

重要語句

- **chromatography** 名 色層分析、クロマトグラフィー　　□ **molecule** 名 分子
- **polarity** 名 極性　　□ **solubility** 名 溶解性　　□ **solution** 名 溶液

13　正解（D）

完成文と訳

Andre Agassi went from being the number 1 tennis player in the world, to number 141, and back to number 1 in the course of a decade.

アンドレ・アガシは10年の間に世界1位のテニス選手から141位となり、また1位へと返り咲いた。

解説

選択肢はいずれも動詞や接続詞を含んでいないことを確認しておこう。問題文の主語はAndre Agassi、動詞はwentである。空欄の直前がnumberになっているので、これにつながる1から始まる (A) と (D) を考慮する。(A) を選択しても意味が通じないが、(D) を選択するとin the course of a decade「10年の間に」という意味になる。

重要語句

□ **in the course of** ～の間に　□ **decade** 名 10年間

14　正解（A）

完成文と訳

With the exception of fashion models, the H-1B visa is only available to foreign U.S. residents who have bachelor's degrees and specialized knowledge.

ファッションモデルを例外として、H-1Bビザを利用できるのは合衆国に住む外国人で学士号と専門知識を持っている人のみである。

解説

選択肢はどれもwhoまたはwhomという「人」を修飾する関係代名詞を含んでいることから、空欄には関係代名詞節が入ることが予想できる。なお、問題文の主語をthe H-1B visa、動詞をisとする節がある。（D）は関係代名詞whomが空欄直前のforeign U.S.につながらないので最初に除外する。（A）を選択すると、きれいに意味が通じる。（B）は、foreign U.S. bachelor residentsという表現がおかしいし、whoの後に動詞がないことから不可。（C）はresidents and bachelorsという複数形の主語の後に三単現の動詞hasがつながるのがおかしいし、whomの後に動詞がないことから不可（➡解法7）。

重要語句

□ **available** 形 利用できる　□ **resident** 名 居住者
□ **bachelor's degree** 名 学士号

15　正解（B）

完成文と訳

The Irish Republican Army was divided after the Irish War of Independence ended in the 1921 Anglo-Irish Treaty with which many members of the IRA did not agree.

アイルランド共和国軍は、軍のメンバーの多くが賛成しなかった1921年のアングロ・アイリッシュ協定によってアイルランド独立戦争が終わった後、分裂した。

解説

選択肢を見ると、適切な関係代名詞を選び、かつ、その関係代名詞に前置詞withをつけるべきかを判断する問題であることがわかる。まず、空欄の直前にあるの

はthe 1921 Anglo-Irish Treatyという「物」なので、「物」を修飾する関係代名詞whichが含まれている（A）と（B）のみを考慮する。問題文の最後にagreeという動詞があり、この動詞がthe 1921 Anglo-Irish Treatyと関連していることから、agree with the 1921 Anglo-Irish Treatyという意味を作るために前置詞withを含む（B）を選択する（→解法7）。

重要語句

- **the Irish Republican Army** 名 アイルランド共和軍（= IRA）

Written Expression

16　正解（C）　there was a fine of ➡ fined

正しい文と訳

Given his Nazi affiliation, Hugo Boss was denied voting rights in Germany, fined 100,000 marks and forced to step down as president of his namesake company.

ナチスに所属していたために、ヒューゴ・ボスはドイツでの選挙権を剥奪され、10万マルクの罰金を課され、自分の名前のついた会社の社長を辞任するように強制された。

解説

Given his Nazi affiliation 以降に Hugo Boss が受けた3つの不利益が説明されており、「1つ目の不利益、2つ目の不利益 and 3つ目の不利益」という形になっていることに注目。これら3つの不利益は並列構造が必要なので、（C）の there was a fine of を fined と修正し、受動態を3つ作る（➡解法27）。

重要語句

- □ **affiliation** 名 所属　□ **deny** 動 与えない、使わせない
- □ **voting right** 名 投票権　□ **fine** 動 罰金に処する　□ **force** 動 強制する
- □ **step down** 辞職する　□ **namesake** 名 同名のもの

17　正解（A）　specie ➡ species

正しい文と訳

Oranges were not a fruit species until around 2500 BC when the Chinese crossbred them with what scientists believe were the pomelo and mandarin orange.

紀元前2500年ごろに中国人が、科学者がザボンとマンダリンだったであろうと考えているところの果物を異種交配するまで、オレンジは果物の種として存在していなかった。

解説

「（植物や動物の）種」という名詞は単数も複数も species である（➡解法16）。

重要語句

- □ **crossbreed** 動 異種交配する　□ **pomelo** 名 ザボン

18　正解（C）　a wide → a widely

正しい文と訳

Bride-napping is an illegal, yet seldom prosecuted, custom in many nations in Central Asia and Africa, so it is still a widely practiced means of taking a wife.

花嫁を誘拐することは違法ではあるがめったに起訴されない中央アジアやアフリカでの慣習なので、いまだに広く実践されている嫁取りの方法である。

解説

（C）に含まれている wide は形容詞であるが、これは直後の形容詞 practiced「実践されている」を修飾しているので、widely と副詞に修正する（➡解法21）。

重要語句

- **bride-napping** 名 花嫁誘拐《bride kidnapping からの造語》
- **illegal** 形 違法の　□ **prosecute** 動 起訴する　□ **custom** 名 慣習
- **practice** 動 実行する

19　正解（C）　less → few

正しい文と訳

The plains region in the Midwestern U.S. has few large bodies of water or mountains to interrupt the rotating air currents that allow for the formation and growth of tornados.

アメリカ中西部の平野部には、川や湖や山といった、竜巻の形成や発達の原因となる旋回性気流を遮断するものがほとんどない。

解説

（C）の形容詞 less は直後の large bodies of water or mountains という可算名詞を修飾しているので、few に修正する。less は不可算名詞とともに使用される（➡解法15）。

重要語句

- **interrupt** 動 妨げる　□ **air current** 名 気流　□ **tornado** 名 竜巻

20　正解（D）　of which ➡ for which

正しい文と訳

Dr. Henekh Morgentaler fought the Canadian legal system throughout his career by insisting on safe abortion rights for women, for which he later won the Order of Canada.

ヘネク・モーゲンテイラー医師は、女性が安全な妊娠中絶を受ける権利を主張して、生涯を通してカナダの法制度と闘い、そのことによって後にカナダ勲章を受章した。

解説

Henekh Morgentaler医師は、その職業上の行為によって勲章を受章したので、(D) の前置詞はofではなくforに修正する（➡解法26）。

重要語句

☐ insist 動 主張する　☐ abortion 名 妊娠中絶

21　正解（A）　began offered ➡ began offering

正しい文と訳

Sarah Lawrence began offering Master of Arts degrees in Women's History in 1972, making it the first university to have a graduate program in the field.

1972年に「女性史」の文学修士号を提供し始めたサラ・ローレンス大学は、この分野で大学院レベルのプログラムを持った最初の大学となった。

解説

(A) は、動詞のbeganとofferedが重なっているのがおかしい。動詞beginの後に別の動詞をつける場合は動名詞が必要なので、offeredをofferingに修正する。

重要語句

☐ Master of Arts 名 文学修士号　☐ graduate 形 大学院の

22　正解（D）　older ever male ➡ oldest ever male

正しい文と訳

At 92-years-old, Prince Philip, husband and 3rd cousin of Queen Elizabeth II, is the oldest ever male British royal family member in history.

エリザベス2世の夫で親のまたいとこの子でもある92歳のフィリップ王子は、歴史上最年長の

英国王室に属する男性である。

解説

フィリップ王子が誰かと比較されているわけではないので、(D) の比較級 older はおかしい。最上級 oldest に修正する。また、(D) の直前に定冠詞 the があることも、最上級が必要であることのヒントとなる (➡解法24)。

重要語句

☐ **royal family** 名 王室

23 　正解 (B)　believes that ➡ believe that

正しい文と訳

Recent polls show that a 58% majority of American voters believe that same-sex marriage should be legalized, with a 52% majority of Republicans also in support.
最新の世論調査によると、アメリカ人の有権者の多数派である58%が同性婚は合法化されるべきであると考えており、共和党員の多数派である52%もこれを支持している。

解説

(B) の believes は show の後にある接続詞 that から始まる名詞節の動詞である。この名詞節の主語は a 58% majority だが、これは前置詞 of によって American voters という複数名詞につながっているため、主語も複数の意味を持つ。したがって、動詞 believes から三人称単数現在の s を取り、believe と修正する。

重要語句

☐ **poll** 名 世論調査　☐ **majority** 名 大多数　☐ **voter** 名 有権者
☐ **legalize** 動 合法化する

24 　正解 (A)　With the introduce ➡ With the introduction

正しい文と訳

With the introduction of horses and rifles to the American West in the 1700s, the population of bison plunged from around 60,000,000 to 750 in less than 2 centuries.
1700年代に馬とライフル銃がアメリカ西部に導入されたことにより、2世紀もたたないうちに、バイソンの個体数は約6000万頭から750頭に急減した。

解説

（A）の動詞 introduce の前に前置詞 With があることから、動詞を名詞の introduction に修正する。前置詞の後は名詞か名詞相当句が必要であることを確認しておこう。また、動詞 introduce の直前に定冠詞 the があることもヒントとなる。冠詞は名詞につくからである（➡解法25）。

重要語句

- population 名 個体数　 □ plunge 動 激減する

25　正解（A）　dry drowning victims ➡ dry drowning victim

正しい文と訳

Even though a dry drowning victim was exposed to air, his or her lungs could not receive oxygen due to such reasons as a punctured diaphragm or muscular paralysis.

入水急死の犠牲者においては、空気にさらされていたにもかかわらず、横隔膜の破裂や筋麻痺というような理由のせいで、彼または彼女の肺が酸素を受け取ることができなかったのである。

解説

（A）の直前に不定冠詞 a があることから、（A）に含まれている名詞の複数形 victims を単数形の victim に修正する（➡解法25）。

重要語句

- dry drowning 名 入水急死、乾性溺れ　□ victim 名 犠牲者
- expose 動 さらす　□ oxygen 名 酸素　□ punctured 形 穴の開いた
- diaphragm 名 横隔膜　□ muscular 形 筋肉の　□ paralysis 名 麻痺

26　正解（D）　countries of ➡ country of

正しい文と訳

Between 1836 and 1846, the modern-day states of Texas, Oklahoma, Kansas, Colorado, Wyoming, and New Mexico made up the 1 independent country of the Republic of Texas.

1836年から1846年の間、現在のテキサス州、オクラホマ州、カンザス州、コロラド州、ワイオミング州、そしてニューメキシコ州は、the Republic of Texas という独立国を構成していた。

解説
(D) の2語前に1があるので、(D) に含まれている名詞の複数形countriesを単数形のcountryに修正する。

重要語句
- **independent** 形 独立した、自主の

27　正解（C）　surpasses ➡ surpassed

正しい文と訳
In 2006, with gambling revenues reaching $6.95 billion, Macao surpassed Las Vegas as the largest gambling city in the world.
2006年に、ギャンブルによる歳入が60億ドルとなったことから、マカオはラスベガスを抑えて世界でもっとも大きなギャンブルの街となった。

解説
マカオがラスベガスを超えたのは2006年のことなので、動詞surpassesは現在形ではなく、surpassedと過去形に修正する。

重要語句
- **revenue** 名 歳入　- **surpass** 動 勝る、凌駕する

28　正解（B）　were born ➡ was born

正しい文と訳
According to the Australian Bureau of Statistics, approximately 25% of the nation's population was born overseas, and 20% has at least 1 foreign-born parent.
オーストラリア統計局によると、人口の約25％が海外で生まれており、20％が少なくとも1人、海外で生まれた親を持っている。

解説
主語は25％だが、これが前置詞ofによってthe nation's populationという単数名詞にかかっているので、25％も単数ととらえ、(B) のwereをwasに修正する。

重要語句
- **bureau** 名（官庁の）局　- **statistics** 名 統計
- **approximately** 副 おおよそ、約

29　正解（A）　make with the ➡ is made with the

正しい文と訳

Blue cheese is made with the injection of bacterial spores that grow mold in a temperature-controlled environment so as not to spoil the cheese itself.

ブルーチーズは、温度がコントロールされた環境下でかびとなるが、チーズそのものは腐らせない細菌胞子の注入によって作られる。

解説

文の意味から考えて、(A) の動詞を is made と受動態にし、「～によって作られる」という意味にする（➡解法20）。

重要語句

- □ **injection** 名 注入、注射　□ **bacterial** 形 細菌の　□ **spore** 名 胞子
- □ **mold** 名 かび　□ **spoil** 動 だめにする、損なう

30　正解（C）　since make way ➡ since made way

正しい文と訳

While the Northwest Passage was impassable in 1978, the melting ice caps have since made way for large vessels to pass between Scandinavia and China.

1978年には北西航路は通行不可であったが、それ以来、溶けた氷床が、大型船がスカンジナビアと中国の間を通れるように道を作っている。

解説

(C) の直前に動詞 have があるので、(C) に含まれている動詞 make を過去分詞 made にして現在完了形を作る（➡解法18）。

重要語句

- □ **passage** 名 航路　□ **impassable** 形 通行不能の　□ **ice cap** 名 氷冠、氷原
- □ **vessel** 名 (大型の)船

31　正解（D）　full moon followed ➡ full moon following

正しい文と訳

The date of Easter varies greatly each year because it is designated as the first Sunday after the full moon following the spring equinox.

春分の後の満月の後の最初の日曜日、とされているので、イースターの日は毎年大きく変わる。

解説
(D) に含まれている followed から the spring equinox までは、縮約された関係代名詞節で the full moon を修飾している。縮約されていなければ ... the full moon which follows the spring equinox となる。これを縮約すると ... the full moon following the spring equinox となる（➡解法11）。

重要語句
- **Easter** 名 復活祭、イースター　□ **designate** 動 指定する
- **spring equinox** 名 春分

32　正解（D）　cactuses growing ➡ cacti growing

正しい文と訳
To prevent Cubans from seeking refuge at the Guantanamo Bay U.S. base, the Cuban government built the Cactus Curtain, 8 miles of cacti growing along the base's border.

キューバ人がグアンタナモ湾の米軍基地へと避難することを防ぐために、キューバ政府は基地との境界線に8マイルにわたってサボテンを育て、「サボテンのカーテン」を作った。

解説
名詞 cactus「サボテン」の複数形は cactuses ではなく、不規則な cacti となる（➡解法16）。

重要語句
- **prevent** 動 妨げる　□ **seek refuge** 避難する

33　正解（C）　is one of the ➡ be one of the

正しい文と訳
Wrestling is one of the world's oldest sports, but the International Olympic Committee recently decided it would not be one of the 25 sports featured in the Olympic Games after 2016.

レスリングは世界最古のスポーツのひとつであるが、国際オリンピック委員会は最近、レスリングは2016年以降、オリンピックで行われる25の競技のひとつにはならないと決定した。

解説

(C) の2語前に助動詞wouldがあることから、(C) に含まれている動詞isは原形beに修正する。助動詞の後に来る動詞は常に原形となることを確認しておこう（➡解法19）。

重要語句

□ **feature** 動 取り上げる

34　正解（C）　most of every year ➡ almost every year

正しい文と訳

The Bavarian beer festival called Oktoberfest is a 16-day early autumn event that has been celebrated almost every year since the 1810 marriage of King Ludwig I and Princess Therese.

オクトーバーフェストと呼ばれるバイエルンのビール祭は初秋に行われる16日間の催しで、1810年のルートヴィヒ1世とテレス王女の結婚以来、ほぼ毎年祝われている。

解説

(C) は「毎年のほとんど」という意味になってしまい、意味がわからない。most ofをalmostに修正し、「ほぼ毎年」という意味にする（➡解法21）。

重要語句

□ **celebrate** 動 祝う、祝賀する

35　正解（D）　those who regulate ➡ (the) regulator(s)

正しい文と訳

Because China only has state-owned enterprises, not private corporations, enforcing pollution laws on these companies is difficult because the regulated and (the) regulator(s) are the same.

中国には民間会社はなく、国有企業しか存在しないので、規制する者とされる者が同じとなり、これらの企業に公害防止法を強制するのは困難である。

解説

(D) の前にあるthe regulated「規制される者」と (D) のthose who regulate「規制する者」がandで結ばれているため、並列構造が必要。(D) のthose who regulateという代名詞＋関係代名詞節という構造をthe regulatorと名詞に修正する

142

(➡解法27)。なお、定冠詞theはandを超えてかかっていくことができるため、regulatorの直前のtheはあってもなくてもよい。また、regulatorも「規制する者」を「国家としての中国」ととらえるか、「中国政府の役人たち」ととらえるかによって単数形でもよいし、regulatorsと複数形にしてもよい。

重要語句
- **enterprise** 名 企業、会社　□ **enforce** 動 守らせる、施行する
- **pollution** 名 公害、汚染

36　正解（A）　border country ➡ border countries

正しい文と訳
The Trans-Pacific Partnership agreement between various Pacific border countries is under ongoing negotiation as to the specifics and extent of the free trade for which it allows.
さまざまな太平洋沿岸の国々の間の環太平洋戦略的経済連携協定は、その具体的な内容とどこまで自由貿易を許可するかについて、現在交渉が継続中である。

解説
（A）の2語前にある形容詞variousは「さまざまな」という意味なので、その後に来る名詞は複数形でなければならない。（A）のcountryをcountriesと修正する。

重要語句
- **partnership** 名 提携、協力　□ **agreement** 名 協定、契約
- **ongoing** 形 進行中の　□ **specifics** 名 詳細、細目《通例複数》
- **extent** 名 範囲、程度

37　正解（A）　claims to fame ➡ claim to fame

正しい文と訳
Bordeaux's claim to fame is not limited to the wine capital of the world, but the city's outstanding 18th century architecture has also made the UNESCO World Heritage list.
ボルドーは世界のワインの中心地としてだけでなく、町にある傑出した18世紀建築によってユネスコの世界遺産となっていることで有名である。

解説

claim to fame で「自慢できる部分」という表現になる。(A) のように claim を複数形にしてしまうと、「主張、要求」という意味になってしまい、問題文の意味が通らなくなる。(A) の claims を claim に修正する。

重要語句

- **capital** 名 中心地、首都
- **outstanding** 形 傑出している
- **architecture** 名 建築物

38　正解 (C)　is among ➡ are among

正しい文と訳

H. pylori infections, stomach tumors and overuse of anti-inflammatory medication are among possible causes for digestive fluid imbalances that result in peptic ulcers.

ヘリコバクターピロリ感染、胃の腫瘍、そして抗炎症薬の過度の使用は、消化性潰瘍へとつながる消化液の不均衡をきたす可能性のある要因である。

解説

主語は H. pylori infections, stomach tumors and overuse of anti-inflammatory medication と 3 つなので、(C) の動詞 is を are に修正する (➡解法 2)。

重要語句

- **H. pylori** 名 ヘリコバクターピロリ (= helicobacter pylori)
- **infection** 名 感染
- **tumor** 名 腫瘍
- **anti-inflammatory** 形 抗炎症の
- **medication** 名 投薬、薬物
- **digestive fluid** 名 消化液
- **peptic ulcer** 名 消化性潰瘍

39　正解 (C)　for their efforts ➡ for his efforts

正しい文と訳

In 1964 Martin Luther King, Jr. became the youngest person ever to receive the Nobel Peace Prize for his efforts to end racial segregation and discrimination.

1964 年、Martin Luther King, Jr. は、人種分離と人種差別を終わらせようとした彼の取り組みによって、ノーベル平和賞のもっとも若い受賞者となった。

解説

(C) に含まれている代名詞 their が指し示しているものが存在しない。問題文の意味から Martin Luther King, Jr. を指し示していることが理解できるので、their を his に修正する（➡解法17）。

重要語句
- **racial** 形 人種の
- **segregation** 名 分離、隔離
- **discrimination** 名 差別

40 正解（C）　most per hour ➡ more per hour

正しい文と訳

Despite their low annual salaries, if factoring in paid holidays, math teachers still receive more per hour than those in many other mathematical field professions.

低い年収にもかかわらず、有給休暇を考慮に入れると、数学の先生はそれでも、数学関連のほかの職業に従事している人の多くに比べ、1時間あたりではより高い額を受け取っている。

解説

(C) の直後に比較級が存在していることを表す than があるので、(C) の most を more に修正する（➡解法24）。

重要語句
- **factor** 動 計算に入れる、考慮する
- **paid holiday** 名 有給休暇
- **profession** 名 職業

Test 5

Structure

1　正解（A）

完成文と訳

Fontanels, the 2 soft areas at the top of a baby's head, allow for the skull to be malleable during birth and infancy, a time when the brain is constantly growing.
泉門、つまり乳児の頭頂にある2カ所の柔らかいところ、は分娩のときと幼年期の脳が絶えず成長する時期に、頭蓋骨の伸縮を可能にしている。

解説

空欄が問題文の最初にあること、動詞allowに対応する主語がないことから、空欄には主語を入れると予測して問題を解く（➡解法2）。（A）を選択すると、Fontanelsが主語となる。カンマで区切られたthe 2 soft areas at the top of a baby's headは、主語Fontanelsに対する同格（➡解法3）。（C）は表現として不自然であるのに加え、動詞allowの直前にあるカンマのため、主語となることができない。（B）と（D）は節を含んでいるため不可。

重要語句

- ☐ fontanel 名 泉門　☐ malleable 形 柔軟な　☐ infancy 名 幼年時代

2　正解（C）

完成文と訳

Aside from his marriage to Marilyn Monroe, New York Yankee Jo Dimaggio was best known for his 56-game hitting streak in 1941, a record that has yet to be broken.
マリリン・モンローとの結婚以外では、ニューヨーク・ヤンキースのジョー・ディマジオは、いまだ破られていない記録である、1941年の56試合連続安打によってもっともよく知られていた。

解説

主節の主語はJo Dimaggioであるが、これに対応する動詞がないので、空欄には動詞となるものを入れる（➡解法2）。（A）は副詞節を導く接続詞becauseが含まれているが、問題文に副詞節が存在しないので不可。（B）はitが何を指し示して

いるかわからない上、最後のhis bestが空欄直後の56-game hitting streakに意味的につながらない。(D) は動詞を含んでいない。なお、正解 (C) に含まれているbe known for ... は「〜で知られている」の意味。

重要語句

□ aside from 〜を除いては　□ streak 名 連続

3　正解（C）

完成文と訳

Since New York City's Smoke-Free Air Act of 2003 banned smoking in public places like bars, restaurants and workplaces, businesses are thriving and people are living longer.
2003年のニューヨーク市の禁煙法は、バーやレストランや職場などの公の場所での喫煙を禁止したので商売は繁盛し、人々はより長く生きるだろう。

解説

問題文では、主語businessesと動詞are thrivingという節とpeopleと動詞are livingという節の2つが接続詞andで結ばれている。空欄には、接続詞Sinceから始まる副詞節の主語Smoke-Free Air Actに対応する動詞が入る（➡解法6）。(A) と (B) は動詞のbanに三単現のsがなく、主語に一致しないため不可。(C) の動詞bannedは、主語に一致する。(D) は空欄の前後と意味的につながらない。

重要語句

□ ban 動 禁止する　□ thrive 動 繁栄する

4　正解（A）

完成文と訳

Should a child be diagnosed with dyslexia, he or she would have a 25 to 50 percent chance of being diagnosed with attention-deficit hyperactivity disorder (ADHD), as well.
子供が失読症であると診断されたならば、彼または彼女が注意欠陥多動性障害（ADHD）でもあると診断される可能性は25〜50％である。

解説

問題文には主語he or she、動詞would haveがあることを確認しておく。選択肢

はすべて、節を構成する主語と動詞を含んでいるが、節と節を結ぶ接続詞を含んでいる選択肢はない。そこで、接続詞が省略される場合を考える。仮定法の副詞節を導く接続詞（ifなど）は省略可能であり、その場合、主語と動詞の倒置が起こる。そこで、（A）を選択する（➡解法14）。接続詞ifが省略されていなければ、If a child should be diagnosed with dyslexia, ... となる。

重要語句

☐ **diagnose** 動 診断する　☐ **dyslexia** 名 難読症、失読症
☐ **attention-deficit/hyperactivity disorder**（**ADHD**）名 注意欠陥多動性障害

5　正解（D）

完成文と訳

The world's top coffee bean cultivating countries are in South America, Southeast Asia and Africa, though Brazil and Vietnam are significantly dominating the industry.
世界トップのコーヒー豆の栽培国は南アメリカ、南東アジア、そしてアフリカにあるが、業界を完全に支配しているのはブラジルとベトナムである。

解説

（A）のwhatを選択すると、空欄以降が名詞節になるが、この場所に名詞節を作ることはできないし、全体の文の意味も理解できなくなってしまう（➡解法8）。（B）のthatを選択すると、空欄以下が関係代名詞節に（➡解法7）、（C）のwhereを選択すると、空欄以下が関係副詞節になり、どちらも空欄直前のSouth America, Southeast Asia and Africaを説明することになるが、文の意味を考えると適切ではない。（D）のthoughを選択し、空欄以降を副詞節にすると、文法的に正しいだけでなく、文の意味も通ることになる（➡解法6）。

重要語句

☐ **cultivate** 動 耕作する　☐ **significantly** 副 著しく
☐ **dominate** 動 優位を占める

6　正解（B）

完成文と訳

The stock market crash on October 29, 1929, or "Black Tuesday," marked the beginning of the Great Depression, which did not completely end until World War II.

1929年10月29日の株式市場の暴落、または「暗黒の火曜日」は、第二次世界大戦まで完全に終わることのなかった世界大恐慌の始まりとなった。

解説

空欄の直前にある前置詞ofに注目する。前置詞ofの前後には通常名詞が入るので、空欄には名詞が入る。the Great Depressionという名詞から始まっている（B）が正解。（B）のwhich以下は、the Great Depressionを説明する関係代名詞節を構成する（➡解法7）。（C）に含まれているnot onlyは、not only A but also Bという表現の一部だと考えられるが、空欄以降にbut alsoがないことから不可。

重要語句

□ the Great Depression 名 大恐慌

7 正解（B）

完成文と訳

Because of an approximate 0.7 degree Celsius rise in temperature, the Andean glaciers have melted to 30 to 50% the size they were in the 1970s, and their near-future disappearance is inevitable.

およそ摂氏0.7度の気温上昇により、アンデス氷河は1970年代の大きさの30〜50％にまで溶けてしまったため、近い将来に消滅することは不可避である。

解説

空欄の直前の30 to 50％に注目する。空欄は、アンデス氷河が気温上昇のため「1970年代の大きさの30〜50％になってしまった」という意味になるが、これを表すことができる語順や表現は（B）のみである。

重要語句

□ approximate 形 おおよその　□ Andean 形 アンデス山脈の
□ glacier 名 氷河　□ disappearance 名 消失、消滅
□ inevitable 形 避けられない

8　正解（D）

完成文と訳

Argentine national and second-generation Italian, Jorge Mario Bergoglio, now referred to as Pope Francis, is the first Latin American and Jesuit pope.
現在、教皇フランシスコと呼ばれている、アルゼンチン国民でイタリア系二世のホルヘ・マリオ・ベルゴリオは、初めてのラテンアメリカ系イエズス会教皇である。

解説

空欄には、空欄直前のJorge Mario Bergoglioを説明する縮約した関係代名詞節が入る。縮約されていなければ、who is now referred to as Pope Francisとなる。(A)は関係代名詞thatから始まっているので考慮する必要はあるが、refer now toの意味が通らない。(C)にも関係代名詞to whomが含まれているが、やはりhe now refersの意味が通らないため不可（➡解法7、11）。

重要語句

□ **refer** 動 呼ぶ　□ **Jesuit** 名 イエズス会　□ **pope** 名 教皇

9　正解（B）

完成文と訳

The word "sepia" comes from the brown color of cuttlefish's ink, while other cephalopods, such as octopuses and squid, produce black and blue-black ink, respectively.
「セピア」ということばは、コウイカの墨の茶色に由来するが、ほかの頭足動物であるタコとイカはそれぞれ黒と濃い藍色の墨を出す。

解説

問題文の後半には、接続詞whileから始まり、主語をother cephalopods、動詞をproduceとする副詞節が完成している（➡解法6）。問題文の前半にも節が必要になるが、The word "sepia" という主語のように見える表現が文頭にあるものの、動詞が存在しないので、空欄には主語に対応する動詞comesを含む（B）を選択する（➡解法2）。

重要語句

□ **cuttlefish** 名 コウイカ　□ **cephalopod** 名 頭足動物　□ **octopus** 名 タコ
□ **squid** 名 イカ　□ **respectively** 副 それぞれ

10　正解（C）

完成文と訳

After 36 years of author Sarah Josepha Hale writing to U.S. presidents, Abraham Lincoln finally granted her request by making Thanksgiving a national holiday in 1863.

作家サラ・ジョセファ・ヘイルが36年間合衆国大統領たちに手紙書き続けた後、エイブラハム・リンカーンは1863年に感謝祭を国民の祝日とすることで、ついに彼女の願いを聞き届けた。

解説

問題文の4語目にある前置詞ofに注目する。ofの前後には通常、名詞または名詞相当句が入るので、author Sarah Josepha Haleからto U.S. presidentsは名詞相当句であることがわかる。つまり、動詞を選択することはできないということなので、選択肢の中で唯一動詞ではない（C）writingを選択する。

重要語句

- grant 動 聞き入れる
- national holiday 名 国民の祝祭日

11　正解（C）

完成文と訳

Sydney Opera House architect, Jørn Utzon, quit mid-construction due to tension with the New South Wales government, and no mention of him was made at the center's 1973 opening.

シドニー・オペラ・ハウスの建築家ヨーン・ウッツンは、ニューサウスウェールズ州政府との軋轢によって建設中に離職したので、1973年の施設の落成式では彼には言及されなかった。

解説

選択肢にはすべて接続詞と節が含まれていることに注目する。また、問題文の前半に主語をSydney Opera House architect、動詞をquitとする節が存在していることも確認しておく。空欄の直前にカンマがあるため、空欄には等位接続詞＋節が入るのではないかと予想し、等位接続詞を含む（B）と（C）から考慮してみる。（B）はbutを入れると文全体の意味が通らなくなる上、動詞mentionは他動詞なのでto himがおかしい。そこで、等位接続詞andから始まる（C）を選択する（➡解法5）。（A）と（D）はそれぞれwhichとwhomという関係代名詞から始まっているが、その後の部分の意味が通らない（➡解法7）。

重要語句
□ tension 名 緊迫状態、対立的な状況

12　正解（D）

完成文と訳
In May, 2013 Representative Pierluisi proposed before the U.S. Congress a change in Puerto Rico's status from commonwealth to state, an issue on which many Puerto Ricans are divided.
2013年5月、下院議員ピエルルイジは連邦議会でプエルトリコの地位をコモンウェルスから州へと変更することを提案したが、この問題は多くのプエルトリコ人を分裂させている。

解説
選択肢はすべて前置詞＋関係代名詞という構成になっていることを確認しておく（➡解法7）。（ただし、前置詞の後には関係代名詞thatは使えないので、(B) のin thatはbecauseと同じ意味の副詞節を導く接続詞ということになる。しかし、空欄の直前がan issueと名詞になっているので、空欄に副詞節が来ることはない）。次に、選択肢の最後の単語に注目する。(A) のmuchは空欄直後の複数名詞Puerto Ricansにつながらないので、外すことができる。残りは (C) と (D) であるが、問題文の最後はPuerto Ricans are divided on an issueという意味になるはずであるので、前置詞onを含む (D) が正解。なお、be divided on ... は「～に関して意見が分かれる」という表現。

重要語句
□ Representative 名 下院議員　□ Congress 名 国会、議会
□ commonwealth 名《米国自治領としてのPuerto Ricoの公式名》

13　正解（B）

完成文と訳
In the American comic book market are 2 leading publishing companies, Marvel Comics and DC Comics, that have been competing for 3/4 of a century.
アメリカの漫画市場では、Marvel ComicsとDC Comicsという2つの大手出版社が4分の3世紀にわたって競争を続けている。

解説
問題文の後半には関係代名詞節があるので、前半にはほかの節が必要となる（➡

解法 7）。問題文が In the American comic book market という場所を表す表現で始まっていることに注目し、倒置された主語と動詞を含む（B）を選択する（➡解法 12）。

重要語句

□ compete 動 競争する

14　正解（D）

完成文と訳

The discovery of the neutron and nuclear fission in the 1930s quickly led to the first production of nuclear power and nuclear weapons in the 1940s.
1930年代の中性子と核分裂の発見は、すぐに1940年代の原子力と核兵器の初回製造へとつながった。

解説

空欄が文頭にあることに注目する。倒置が起こる理由がないので、動詞から始まっている（A）は不可（➡解法 12、13、14）。（B）は代名詞 They が何を指し示しているかわからないので不可（➡解法 17）。（C）は空欄直後の the neutron and nuclear fission ... につながらない。（D）には前置詞 of が含まれているが、前置詞 of の前後は名詞または名詞相当句であるので、これが正解となる。

重要語句

□ neutron 名 中性子　□ nuclear fission 名 核分裂
□ nuclear power 名 原子力　□ nuclear weapon 名 核兵器

15　正解（A）

完成文と訳

Around 70% of social welfare money in Japan is spent on senior citizens and less than 4% on children, so many parents are left on waiting lists at the over-crowded childcare centers.
日本の社会福祉政策予算の約70%は高齢者に費やされており、子どもには4%以下しか費やされないため、混み合った保育所に子どもを預けるため、多くの親が順番待ちをしている。

解説

まず、すべての選択肢に節が含まれていることを確認しておく。問題文にはすで

に主語を70%、動詞をis spentとする節がある。空欄の前にカンマがあるので、空欄は等位接続詞＋節ではないかと予想し、(A) と (B) を考慮する。(A) であれば等位接続詞soによって、主語をparents、動詞をare leftとする2つ目の節が完成する。(B) のandも等位接続詞ではあるが、選択肢の最後の単語manyが空欄直後の表現waiting listsに意味的につながらないので不可（➡解法5）。

重要語句
- **social welfare** 名 社会福祉
- **senior citizen** 名 高齢者
- **over-crowded** 形 混み合った

Written Expression

16 　正解（B）　since they are ➡ since it is

正しい文と訳

Kiwi fruit used to be called "Chinese gooseberry" since it is native to southern China and did not spread to New Zealand until the early 1900s.

キウイは中国南部原産で、1900年代初頭までニュージーランドには広まらなかったので、かつて「中国スグリ」と呼ばれていた。

解説

(B) に含まれている代名詞theyが指し示しているのはKiwi fruitであるので、theyをitに修正し、それに応じて動詞areもisに修正する（➡解法17）。

重要語句

- kiwi fruit 名 キーウィフルーツ　　□ Chinese gooseberry 名 中国スグリ
- native 形 原産の

17 　正解（B）　and also a ➡ but also a

正しい文と訳

Pole vaulting is not only a competitive sport, but also a practical means of passing over marshes, canals or other small bodies of water.

棒高跳びは競技スポーツであるだけではなく、沼地や用水路やその他の小規模な水域を飛び越える実用的手段である。

解説

(B) のandをbutに修正し、not only A but also B「AばかりでなくBも」という表現を作る。

重要語句

- pole vaulting 名 棒高跳び　　□ competitive 形 競争による　　□ marsh 名 沼地
- canal 名 運河、水路　　□ body of water 名 水域

18　正解（B）　independent from ➡ independence from

正しい文と訳

Mohandas Gandhi led the Indian movement to gain independence from Great Britain and consequently became political enemies with Winston Churchill.

マハトマ・ガンディーはイギリスからの独立を求めたインドの運動を率い、結果としてウィンストン・チャーチルの政敵となった。

解説

（B）の直前にgainという他動詞があるため、（B）はその目的語となる。形容詞 independentを名詞 independenceに修正する。

重要語句

- **independence** 名 独立
- **consequently** 副 その結果
- **enemy** 名 敵対者

19　正解（C）　the unseeing planet's ➡ the unseen planet's

正しい文と訳

In 1846 astronomer Alexis Bouvard discovered Neptune not by telescope but by the calculation of the unseen planet's gravitational pull on Uranus' orbit.

1846年、天文学者アレクシス・ブバールは、望遠鏡によってではなく、まだ観測されていないその惑星の天王星の軌道に対する引力を計算することによって、海王星を発見した。

解説

（C）に含まれている現在分詞unseeingは形容詞として使われているが、問題文の意味からここには「まだ観測されていない」という受動態的な意味が必要なので、過去分詞unseenに修正する（➡解法23）。

重要語句

- **astronomer** 名 天文学者
- **Neptune** 名 海王星
- **calculation** 名 計算
- **gravitational pull** 名 重力
- **Uranus** 名 天王星
- **orbit** 名 軌道

20　正解（C）　most based on ➡ more based on

正しい文と訳

The "Gross National Happiness" scale in the heavily Buddhist country of Bhutan is more based on contentment and well-being than actual happiness.

敬虔な仏教国であるブータンにおける「国民総幸福量」基準は、実際の幸福というよりも充足感や安心感に基づいている。

解説

（D）の直後にthanという比較級の存在を表す表現があるので、（C）のmostをmoreに修正する（➡解法24）。

重要語句

□ **contentment** 名 満足、安らぎ　□ **well-being** 名 安寧、福利

21　正解（A）　is estimate ➡ is estimated

正しい文と訳

It is estimated that Americans spend more money on candy for Halloween than for Valentine's Day.

アメリカ人はバレンタインデーよりもハロウィーンのキャンディーのためにより多くの額を消費すると推定されている。

解説

It is estimated that S + Vで「S + Vであると推定されている」という表現になるので、（A）のestimateをestimatedと過去分詞に修正する（➡解法20）。

22　正解（A）　shaped alike ➡ shaped like

正しい文と訳

Grapefruit is shaped like grapes and also grows in clusters, and that is why the names of the 2 types of fruit are similar.

グレープフルーツは形がぶどうに似ている上に房で育つので、それがこれら2種類の果物の名前が似ている理由である。

解説

（A）に含まれているalikeは叙述形容詞という特別な種類の形容詞で、基本的にはJack and Tom are alike.「JackとTomは似ている」のように連結動詞の後にのみ使うことができ、通常の形容詞のように名詞の前に置くことができない。叙述形容詞にはほかにafraid、alert、alive、alone、ashamed、asleep、awake、aware、unawareなどがある。（A）のalikeはlikeに修正し、shaped like「形が似ている」という意味にする（➡解法28）。

重要語句
- **cluster** 名 房、かたまり

23　正解（C）　a serie ➡ a series

正しい文と訳
Built in 1931, the Empire State Building reigned for 65 years as the world's tallest building, but after a series of skyscrapers were constructed in Asia, it is now ranked 23rd.

1931年に建てられたエンパイアステートビルディングは65年の間、世界でもっとも高い建物としての地位を守っていたが、アジアで一連の超高層ビルが建設されたので、現在では23位となっている。

解説
(C) のserieをseriesに修正する。a series of ... で「一連の～」という意味。seriesは単数形と複数形が同じ形をとる単語（➡解法16）。serieという単語は存在しないので注意。

重要語句
- **skyscraper** 名 超高層ビル、摩天楼　　**construct** 動 建設する
- **rank** 動 位置づける

24　正解（B）　automobile manufacture
　　　　　　　　➡ automobile manufacturer

正しい文と訳
Like his inventor friend Thomas Edison, automobile manufacturer Henry Ford had strong anti-Semitic views, which he published in his *Dearborn Independent Newspaper*.

友人である発明家トーマス・エジソン同様、自動車製造者のヘンリー・フォードは強い反ユダヤ主義であり、彼はそのことを自らの *Dearborn Independent Newspaper* の中で公表した。

解説
(B) のmanufactureは「製造、製造物、製造業、製品」という「物」を表す単語。ここではHenry Fordの説明であるのでmanufacturer「製造者」という「人」を表す単語に修正する。（➡解法28）。

重要語句

- **inventor** 名 発明家　　□ **anti-Semitic** 形 反ユダヤ主義の
- **publish** 動 発表する、公表する

25　正解（C）　the less known ➡ the lesser known

正しい文と訳

Jonas Salk is known as the man who developed the polio vaccine in the 1950s, but the lesser known Albert Sabin created an oral vaccine a few years later.

ジョナス・ソークは1950年代にポリオワクチンを開発した人として知られているが、その数年後に経口ワクチンを開発したアルバート・サビンはそれに比べてあまり有名ではない。

解説

Jonas SalkとAlbert Sabinという2人の人を比較しているので、（C）のlessをlesserと比較級に修正する（➡解法24）。

重要語句

- **develop** 動 開発する　　□ **polio vaccine** 名 ポリオワクチン　　□ **oral** 形 経口の

26　正解（C）　lighter the skin is ➡ lighter the skin

正しい文と訳

After slavery was abolished in Brazil, many still believed that the lighter the skin, the greater the social mobility, so mulatto ex-slaves often distanced themselves from black ex-slaves.

ブラジルで奴隷制が廃止された後でも、多くの人はまだ、肌の色が明るければ明るいほど社会的地位が高いと信じていたので、白人と黒人の混血の元奴隷はしばしば、黒人の元奴隷から距離をとっていた。

解説

the 形容詞（副詞）＋ -er A, the 形容詞（副詞）＋ -er B または the more 形容詞（副詞）A, the more 形容詞（副詞）B で「AであればあるほどBである」という意味（通常の比較級と同じように、3音節以上の形容詞（副詞）の場合はmoreを使う）。この表現ではAとBが並列構造になることに注意。問題文ではBに当たる部分がthe social mobilityと動詞を使っていないので、Aの部分に当たる下線部（C）から動詞isを削除する。

重要語句

- **slavery** 名 奴隷制度　□ **abolish** 動 廃止する
- **social mobility** 名 社会移動《ある社会的地位にある個人や集団が他の社会的地位に移行すること》
- **mulatto** 名 白人と黒人の第一代混血児　□ **distance** 動 遠ざける

27　正解（C）　contains several cemetery
　　　　　　　　➡ contains several cemeteries

正しい文と訳

The pyramids and sphinx are located in the Giza Necropolis or "city of the dead," so named because it contains several cemeteries, and the pyramids themselves are tombs.

ピラミッドとスフィンクスはギザ・ネクロポリスまたは「死人の町」にあるが、そのように名づけられたのはそこに複数の墓地があり、ピラミッドそのものも墓であるからである。

解説

（C）に含まれている形容詞severalは「いくつかの」という意味なので、それが修飾する名詞cemeteryは複数形cemeteriesに修正する。

重要語句

- **necropolis** 名 （古代都市の）共同墓地　□ **cemetery** 名 墓地、埋葬地
- **tomb** 名 墓

28　正解（C）　could see in ➡ could be seen in

正しい文と訳

Aristotle was the first Greek philosopher to provide evidence for the Earth's spherical form: that certain star constellations could be seen in some parts of the world and not in others.

アリストテレスは、特定の星座が世界のある場所では見られるのにほかの場所では見られないという、地球が球形であることの証拠を提供した、ギリシャで初めての哲学者だった。

解説

ここでは、「特定の星座が世界のある場所では見られる」という受動態が必要なので、（C）のseeをbe seenと修正し、受動態を作る（➡解法20）。

重要語句

- **philosopher** 名 哲学者　□ **evidence** 名 証拠　□ **spherical** 形 球形の
- **constellation** 名 星座

29　正解（B）　more quoted of ➡ most quoted of

正しい文と訳

Shakespeare is perhaps the most quoted of all English writers and was the most influential on modern-day English language syntax, vocabulary and pronunciation.

シェークスピアはおそらく、すべてのイギリス人作家の中でもっとも多く引用されており、現代の英語の構文、語彙、そして発音にもっとも大きな影響を与えたであろう。

解説

シェークスピアと他のすべてのイギリス人作家を比較しているので、比較級ではなく最上級が必要。(B) の比較級 more を最上級 most に修正する（➡解法24）。

重要語句

- **quote** 動 引用する　□ **influential** 形 影響を及ぼす　□ **syntax** 名 構文法
- **vocabulary** 名 語彙　□ **pronunciation** 名 発音

30　正解（A）　acceleration falling ➡ acceleration of falling

正しい文と訳

Isaac Newton first observed the acceleration of falling objects due to gravitational pull, and he later applied this universal law of gravitation to explain why the moon orbits Earth.

Isaac Newton は最初、引力によって落下する物体の加速度を観察し、後にこの万有引力の法則をなぜ月が地球の軌道を回るかの説明に応用した。

解説

(A) をこのままにすると acceleration「加速度」という名詞と falling objects「落下する物体」という名詞が並ぶことになってしまう。「落下する物体の加速度」という意味にするために前置詞 of を (A) の acceleration と falling の間に挿入する（➡解法26）。

重要語句

- **observe** 動 観察する　□ **acceleration** 名 加速

□ **universal law of gravitation** 名 万有引力の法則　□ **orbit** 動 周りを回る

31　正解（A）　from their ➡ from its

正しい文と訳

Upon emerging from its egg, a young caterpillar often ingests the protein-enriched shell that housed it as a larva.

卵から出て来ると、小さな毛虫はしばしば自らが幼虫として入っていた、タンパク質が豊富な殻を食べてしまう。

解説

（A）に含まれている代名詞theirはa young caterpillarを指し示しているので、それに応じたitsに修正する（➡解法17）。

重要語句

□ **emerge** 動 出て来る　□ **caterpillar** 名 芋虫、毛虫　□ **ingest** 名 摂取する
□ **protein-enriched** 形 タンパク質が豊富な　□ **house** 動 入れる
□ **larva** 名 幼生、幼虫

32　正解（D）　needs to have ➡ need to have

正しい文と訳

Dipoles, such as magnetic fields, have 2 poles, but monopoles, such as electrical charges, need to have a positive or negative charge, not both.

磁場のような双極子には2つの極があるが、電荷のような単極は正電荷か負電荷のどちらか1つのみを必要とする。

解説

主語をDipoles、動詞をhaveとする節ともう1つの節が等位接続詞butで結ばれていることに注意。2つ目の節の主語はmonopolesと複数形なので、それに対応する（D）の動詞needsをneedと修正する（➡解法2）。

重要語句

□ **dipole** 名 双極子　□ **magnetic field** 名 磁場　□ **monopole** 名 単極
□ **electrical charge** 名 電荷　□ **positive** 形 正の　□ **negative** 形 負の

33　正解（A）　It believed that ➡ It is believed that

正しい文と訳

It is believed that the foremost reasons mammoths became extinct were overhunting by humans and major climate change that affected their food source.
マンモスが絶滅したもっとも大きな理由は、ヒトによる乱獲とそれらの食糧源に影響を与えた大きな気候変動であると信じられている。

解説

it is believed that S + Vで「S + Vであると信じられている」という意味。（A）のItとbelievedの間にisを挿入する（➡解法20）。

重要語句

- foremost 形 一番先の、主要な　　□ extinct 形 絶滅した
- overhunting 名 乱獲　　□ climate change 名 気候変動　　□ affect 動 影響する

34　正解（C）　are committing blasphemy
　　　　　　　　➡ were committing blasphemy

正しい文と訳

A devout Christian, the Wright brothers' father did not initially support their efforts because he believed his sons were committing blasphemy by trying to fly like angels.
敬虔なキリスト教信者であるWright兄弟の父は、自分の息子たちが天使のように飛ぼうとしていることによって冒涜的な行動をとっていると考え、当初、彼らの努力を支持しなかった。

解説

主節の動詞がdid not ... supportと過去形になっているので、接続詞becauseから始まる副詞節の動詞も過去形でなければならない。（C）の動詞areをwereに修正する（➡解法18）。

重要語句

- devout 形 敬虔な　　□ initially 副 初めは　　□ commit 動 （罪などを）犯す
- blasphemy 名 不敬、冒涜

35　正解（C）　harsh criticized ➡ harshly criticized

正しい文と訳

While some British historians consider Oliver Cromwell a 17th century hero, he has been harshly criticized for the genocide of many Scottish and Irish Catholics.
一部のイギリス人歴史家はオリバー・クロムウェルを17世紀の英雄であると考えているが、彼はスコットランド人とアイルランド人キリスト教信者の大量殺人について強く非難されている。

解説

（C）に含まれている形容詞harshは（C）の2語前から始まっている現在完了の受動態の動詞has been ... criticizedを修飾しているので、harshlyと副詞に修正する（➡解法21）。

重要語句

- □ **historian** 名 歴史家　□ **consider** 動 見なす　□ **harshly** 副 厳しく
- □ **criticize** 動 批判する　□ **genocide** 名 集団殺害

36　正解（B）　categorizing as ➡ categorized as

正しい文と訳

Although the platypus lays eggs and has no teats, it is still categorized as a mammal because it has mammary glands from which it feeds its young milk via pores in the skin.
カモノハシは卵を産み、乳首もないが、それでも皮膚の毛穴を通して子どもに乳を与える乳腺を持っているので、哺乳類に分類されている。

解説

ここでは「分類されている」という受動的な意味の動詞が必要なので、（B）のcategorizingをcategorizedと過去分詞に修正する（➡解法20）。

重要語句

- □ **platypus** 名 カモノハシ　□ **lay** 動 （卵を）産む　□ **teat** 名 （哺乳動物の）乳首
- □ **categorize** 動 分類する　□ **mammal** 名 哺乳類　□ **mammary gland** 名 乳腺
- □ **feed** 動 与える　□ **young** 名 子たち　□ **via** 前 〜によって　□ **pore** 名 毛穴

37　正解（A）　was knowed ➡ was known

正しい文と訳

Theodore Roosevelt was known as the "Trust Buster" since he focused his energy on trying to combat monopolies, particularly railroad companies like Northern Securities.

セオドア・ルーズベルトは市場の独占状態、特にノーザン・セキュリティーズのような鉄道企業による独占状態、と闘うことに力を費やしたので「独禁法取締官」として知られていた。

解説

be known as ... で「～として知られている」の意味（➡解法20）。動詞knowは不規則動詞なので、（A）のknowedを正しい過去分詞形knownに修正する。

重要語句

- □ focus 動 集中させる　□ combat 動 闘う　□ monopoly 名 市場独占

38　正解（D）　around a globe ➡ around the globe

正しい文と訳

James Cook's discoveries not only proved that various landforms existed but also set rumors to rest about the existence of certain mythical locations around the globe.

ジェームズ・クックの発見はさまざまな地形が存在することを証明しただけでなく、地球上のいくつかのミステリーゾーンの存在に関するうわさが真実ではないと立証した。

解説

「地球」は1つしか存在せず、その意味で常に特定されているので、（D）に含まれている名詞globe「地球」についている不定冠詞aを定冠詞theに修正する（➡解法25）。

重要語句

- □ prove 動 証明する　□ landform 名 地形　□ exist 動 存在する
- □ set rumors to rest うわさを鎮める　□ existence 名 存在
- □ mythical 形 神話の、架空の

39　正解（A）　or parasites ➡ and parasites

正しい文と訳

Both epiphytes and parasites grow upon other organisms, but the former does not draw nutrients from other organisms and the latter does.
着生植物と寄生植物はともにほかの生物の上に育つが、前者はほかの生物から栄養を吸い取らないのに対し、後者は吸い取る。

解説

both A and B で「A も B もともに」の意味。(A) の or を and に修正し、「着生植物と寄生植物はともに」の意味にする。

重要語句

- epiphyte 名 着生植物
- parasite 名 寄生植物、寄生動物
- organism 名 生物、有機体

40　正解（C）　from that ➡ from which

正しい文と訳

Charles Lindbergh strongly opposed the United States entering World War II until the attack on Pearl Harbor, from which time he started flying in combat missions.
チャールズ・リンドバーグは、真珠湾攻撃までは、合衆国が第二次世界大戦に参加することに強く反対していたが、その後は空爆作戦のために飛行し始めた。

解説

物を修飾する関係代名詞 which と that は通常どちらを使用しても構わないが、関係代名詞が前置詞の後に来る場合には that は使用できない。(C) の that の前には前置詞 from があるので、that は which に修正する。

重要語句

- oppose 動 反対する
- combat 名 戦闘
- mission 名 任務

Test 6

Structure

1　正解（D）

完成文と訳

Statins are taken to lower cholesterol and prevent heart disease, but people that take these drugs have increased risks of liver injury, cognitive impairment, type 2 diabetes and muscle damage.

スタチンはコレステロールを下げ、心臓病を予防するために摂取されるが、この薬を飲んでいる人は、肝障害、認知障害、2型糖尿病、そして筋損傷のより高いリスクにさらされる。

解説

問題文にはまず主語を Statins、動詞を are taken とする節がある。その直後にはカンマと等位接続詞 but、主語のように見える people があることから、空欄にはこの主語に対応する動詞が必要ではないかと予想できる。(A) は increase、(B) は have という動詞から始まっているが、どちらを選択しても意味が通じない。そこで、関係代名詞から始まっている (C) と (D) を考慮する。(C) の who、(D) の that も空欄直前の people を修飾することができるが、意味が通じるのは (D) である。結果として、カンマと等位接続詞 but の後には、主語を people、動詞を have とする節があり、さらに people を that take these drugs という関係代名詞節が修飾していることとなる（➡解法5、7）。

重要語句

- □ **statin** 名 スタチン《血液中のコレステロール値を低下させる薬物の総称》
- □ **lower** 動 下げる　□ **prevent** 動 妨げる　□ **heart disease** 名 心臓病
- □ **liver injury** 名 肝障害　□ **cognitive impairment** 名 認知障害
- □ **type 2 diabetes** 名 2型糖尿病　□ **muscle damage** 名 筋損傷

2　正解（C）

完成文と訳

In June of 2010, Nelson Mandela's 13-year-old great-granddaughter was killed in a car crash, so he had to cancel his scheduled appearance at the FIFA World Cup opening celebration.

2010年6月、ネルソン・マンデラの13歳のひまご娘が自動車事故によって死亡したため、彼は予定されていたFIFAワールドカップのオープニングセレモニーへの参加を中止しなければならなかった。

> 解説

問題文には主語を great-granddaughter、動詞を was killed とする節がある。その後にカンマ、等位接続詞 so、主語 he があるので、空欄には主語に対応する動詞が必要（➡解法2）。選択肢はすべて動詞から始まっているが、In June of 2010 という時を表す表現があることから、過去形が必要なので、(A) と (C) を考慮する。(A) は意味が通らないので、(C) を選択する。(C) の最後にある scheduled は「予定された」という意味の分詞形容詞（➡解法23）。

> 重要語句

- **great-granddaughter** 名 ひまご娘　□ **car crash** 名 自動車事故
- **appearance** 名 姿を現すこと　□ **celebration** 名 式典

3　正解（C）

> 完成文と訳

The runny nose in patients with cerebrospinal fluid rhinorrhea is not just mucous but fluid from the brain that has been diverted through the nasal or sinus cavities because of an injury or birth defect.

髄液鼻漏の患者の鼻水は粘液だけではなく、けがや先天異常により、鼻腔や副鼻腔を通って出てきた脳内の液体でもある。

> 解説

まず、問題文の主語は The runny nose、動詞は is。また、The runny nose ... is not ... mucous but fluid ... から、not A but B「AではなくBである」という構文が含まれていることも確認しておく。空欄は名詞 the brain の直後にあるので、これを修飾する関係代名詞節である可能性が高く、関係代名詞から始まる選択肢 (C) と (D) を検討する（➡解法7）。縮約された関係代名詞節だとすれば (B) が正解である可能性もある（➡解法11）が、意味を考えると、diverted と the nasal or sinus cavities をつなぐことができる前置詞は through なので、正解は (C)。

> 重要語句

- **runny nose** 名 鼻水　□ **divert** 動 それる　□ **nasal** 形 鼻の
- **sinus** 名 副鼻腔　□ **birth defect** 名 先天異常

4　正解（B）

完成文と訳

Mughal emperor Shah Jahan had the Taj Mahal built as a final resting place for his third wife, Mumtaz Mahal, and his own body was buried in the same mausoleum in 1666.

ムガル帝国の皇帝シャー・ジャハーンはタージマハルを彼の3番目の妻、マムタズ・マハルの永眠の地として建設させたが、1666年に彼自身の遺体も同じ墓に埋葬された。

解説

空欄には、主語Mughal emperor Shah Jahanに対応する動詞が必要（➡解法2）。「タージマハルを永眠の地として建設させた」という意味になるので、have＋物＋過去分詞「物を過去分詞の状態にしてもらう」という構文を使う。

重要語句

- □ **bury** 動 埋葬する　□ **mausoleum** 名 壮大な墓

5　正解（A）

完成文と訳

Vitamins, antioxidants, and omega-3 fatty acids can all be beneficial in regular doses, but taken in excess they can be detrimental to one's health.

ビタミン、抗酸化物質、そしてオメガ3脂肪酸はすべて、常用量の摂取では有益であるが、過剰に摂取されると健康に悪影響を与える。

解説

問題文の主語はVitamins, antioxidants, and omega-3 fatty acids、動詞はcan ... be。空欄には縮約された副詞節である（A）が入る（➡解法10）。縮約されていなければ、when Vitamins, antioxidants, and omega-3 fatty acids are taken in excess, they can be ...となる。通常、縮約された副詞節では副詞節を導く接続詞は省略されないが、この問題のように省略しても意味が理解できる場合は省略される場合もある。

重要語句

- □ **antioxidant** 名 抗酸化剤　□ **beneficial** 形 有益な　□ **detrimental** 形 有害な

6　正解（D）

完成文と訳

In-flight smoking in most countries is illegal, and therefore, prohibited on most airlines, so smoking passengers could face fines up to $5,000 and possible jail time.

機内における喫煙はほとんどの国で違法であるため、ほとんどの航空会社がそれを禁止としており、喫煙した旅客は5000ドル以下の罰金を課されたり、懲役刑を受ける可能性がある。

解説

空欄には、問題文の前半部分の主語であるIn-flight smokingに対応する動詞が必要（➡解法2）。(A)のare、(B)のhaveは単数である主語に一致しない。(C)のwasは過去形である理由がない。

重要語句

☐ **prohibit** 動 禁止する　☐ **fine** 名 罰金　☐ **jail** 名 刑務所、監禁

7　正解（A）

完成文と訳

Known to his Japanese audience as a samurai actor, Ken Watanabe recently began starring in non-Japanese movies, and he is now known to other audiences as a tragic hero.

サムライ俳優として日本人の観客に知られているケン・ワタナベは、最近日本映画以外の映画でも主役を演じるようになり、現在、ほかの国の観客には悲劇のヒーローとして知られている。

解説

Known to ... actor, が縮約された関係代名詞節が文頭に置かれたものであること、この縮約された関係代名詞節は直後の空欄を修飾していること（➡解法11）、空欄は動詞beganに対応する主語であることを確認する。縮約された関係代名詞節が使われていなければ、Ken Watanabe, who is known to his Japanese audience as a samurai actor, recently began starring ... となる。

重要語句

☐ **star** 動 主演する　☐ **tragic** 形 悲劇の

8 正解（D）

完成文と訳

The German Empire, Ottoman Empire and Austria-Hungary were all divided into smaller countries in 1918, having been defeated in World War I by the Allies.
第一次世界大戦で連合国に敗戦したことを受け、1918年、ドイツ帝国、オスマン帝国、オーストリア・ハンガリー帝国はすべて小国へと分断された。

解説

問題文の主語はThe German Empire, Ottoman Empire and Austria-Hungary、動詞はwere ... divided。空欄は縮約された副詞節が入る（➡解法10）。縮約されていなければ、after they had been defeated ... になる。これらの帝国が第一次世界大戦で敗北したのは、小国へと分断されたのよりも前のことなので、過去完了形になっていることに注意（➡解法18）。完了形は縮約された副詞節ではhaving been defeated ... となる。通常、縮約された副詞節では副詞節を導く接続詞は省略されないが、この問題のように省略しても意味が理解できる場合は省略される場合もある。

重要語句

☐ **defeat** 動 負かす

9 正解（B）

完成文と訳

An estimated 1 million birds, marine mammals and sea turtles are killed each year by ingestion of or entanglement in some of the 10 million tons of plastic waste in the ocean.
海にある1000万トンのプラスチック廃棄物の一部を摂取したり、それにからまってしまうことによって、毎年、推定100万の鳥類、海洋哺乳類、そしてウミガメが死亡している。

解説

「推定100万の鳥類…」という意味を作ることができるのは分詞形容詞estimatedを含む（B）のみ（➡解法23）。（A）のestimationは名詞なので、空欄直後の名詞1 million birdsにつながらない。（C）のestimatesは動詞estimateの三人称単数現在形のように見えるが、だとすれば直前の代名詞Theirとつながらない。

重要語句

- **marine mammal** 名 海洋哺乳類
- **ingestion** 名 食物摂取
- **entanglement** 名 もつれ、巻き込むこと

10　正解（B）

完成文と訳

Australia, New Zealand and China are, in that order, the top 3 wool producing countries and primarily shave Merino sheep, whereas the wool in the U.S. is from French Merino sheep.

オーストラリア、ニュージーランド、そして中国は、この順番で上位3位の羊毛産出国であり、主としてメリノ羊を刈っている一方、米国の羊毛はフランスメリノ羊のものである。

解説

空欄の直前に定冠詞theと形容詞句top 3 wool producingがあることから、空欄は名詞で始まるべきであることがわかる。（B）と（D）が名詞countriesで始まっているが、（D）はcountriesにアポストロフィがついているのがおかしい。

重要語句

- **primarily** 副 主として

11　正解（C）

完成文と訳

George de Mestral was laughed at when he mentioned his idea of velcro in 1948, but patented the product by 1955 and went on to make millions off of his invention.

1948年、自分のアイデアであるベルクロファスナーについて言及したとき、ジョルジュ・デ・メストラルは嘲笑されたが、彼は1955年にその製品の特許を取り、引き続き彼の発明の多くを製品化した。

解説

空欄の直前に副詞節を導く接続詞whenがあることから、空欄には副詞節が入る（➡解法6）。副詞節の主語と動詞を含んでいるのは（C）または（D）だが、in 1948という時間を表す表現があるため、現在完了形の（D）ではなく、過去形の（C）を選択する。

重要語句

- **patent** 動 特許を取る
- **invention** 名 発明

12　正解（C）

完成文と訳

Although Tonga was once a limited protectorate of the United Kingdom, it has always maintained self-governance and is the only South Pacific island nation to have never been colonized.

トンガはかつて英国の保護領であったが、常に自治権を維持していたので、植民地化されたことが一度もない唯一の南太平洋の島国である。

解説

問題文の前半が副詞節になっているため、カンマの後の空欄には主語と動詞が必要であることがわかる（➡解法6）。主語と動詞を含んでいるのは（C）または（D）だが、意味の上から受動態の（D）ではなく、能動態の（C）を選択する。

重要語句

- **limited protectorate** 名 保護領
- **colonize** 動 植民地化する

13　正解（B）

完成文と訳

The didgeridoo, a woodwind instrument integral to Aboriginal music in Australia, is traditionally made from bamboo or eucalyptus wood that has been hollowed out by termites.

アボリジニ音楽に不可欠な木管楽器、ディジュリドゥは伝統的にシロアリによってくり抜かれた竹またはユーカリの木から作られている。

解説

まず、空欄には動詞 is ... made に対応する主語が必要であることを確認する（➡解法2）。また、動詞 is の前にカンマがあることから、空欄中の主語に同格が付加されている可能性が高いことを理解する（➡解法3）。（B）を選択すると、主語 The didgeridoo と主語を説明する同格 a woodwind instrument integral to Aboriginal music in Australia を作ることができる。同格はカンマで区切られることも確認しておく。

重要語句
- **woodwind instrument** 名 木管楽器
- **integral** 形 不可欠な
- **eucalyptus** 名 ユーカリ
- **termite** 名 シロアリ

14　正解（B）

完成文と訳

Romance languages, such as Spanish and French, are all derived from vernacular or "Vulgar" Latin, and do not have the same declension system and syntax as Classical Latin.

スペイン語やフランス語のようなロマンス言語はすべて、地元の、または「野卑な」ラテン語から派生しており、古典ラテン語と同じ語形変化体系や統語法は持っていない。

解説

選択肢のうち（B）、（C）、（D）が such as で終わっていることから、空欄直後の Spanish and French は何かの具体例であろうことを予測する。後は、主語と動詞と文意を確認しながら節の数について検討する（➡解法4）。（B）を選択すると主語 Romance languages に対して、are ... derived と have の2つの動詞が対応している文を作ることができる。

重要語句
- **vernacular** 形 その土地固有の
- **declension** 名 語形変化
- **syntax** 名 統語法

15　正解（A）

完成文と訳

Given that the 3 Abrahamic religions of Judaism, Islam and Christianity consider Jerusalem their holy city, the former 2 groups in particular have always fought for claim over the land.

ユダヤ教、イスラム教、キリスト教という3つのアブラハムの宗教がエルサレムを聖地としているため、特に前者2つの団体はその土地の権利を求めて常に戦ってきた。

解説

文意に合った接続詞を選ぶ問題。given that ... で、「～という状況を考えれば」という意味になる。

重要語句

☐ claim 名 要求

Written Expression

16　正解（C）　is ➡ was

正しい文と訳

The sport of skiing is at least 6,000 years old and was first enjoyed by ancient Russians and Scandinavians.

スポーツのスキーは少なくとも6000年前に始まり、古代ロシア人とスカンジナビア人が楽しんだのが最初であった。

解説

6000年前に起こったことなので、(C) の動詞isを現在形から過去形のwasへと修正する。

17　正解（B）　lived ➡ living

正しい文と訳

Weighing as much as 400 kilograms and living as long as 170 years, Galápagos tortoises are known to be the largest and longest living tortoise species.

体重が400キログラムにもなり、170年間も生きるガラパゴスゾウガメは、カメの中でもっとも大きくもっとも長生きの種として知られている。

解説

カンマの前の部分は、カンマ直後のGalapagos tortoisesを修飾する関係代名詞節が縮約された上で、文頭に置かれたものであることを理解する（➡解法11）。関係代名詞節が縮約されていなければ、Galapagos tortoises, which weigh as much as 400 kilograms and live as long as 170 years, are known to be ... となる。これを縮約すると、weighing ... and living ... となるので、(B) のlivedをlivingに修正する。

重要語句

☐ weigh 動 重さが〜である

18　正解（B）　had been tilting ➡ has been tilting

正しい文と訳

Since its 1272 renovation, the Leaning Tower of Pisa has been tilting to the south,

but shortly after its construction began in 1173, the tower had been leaning to the north.
1272年の改築以降、ピサの斜塔は南に傾いているが、1173年に建築が始まった直後は、北に傾いていた。

解説

「ピサの斜塔は1272年以降、現在まで南に傾いている」という意味なので、(B) は現在完了進行形でなければならない。したがって、(B) の had を has に修正する。(D) は1272年以前の1173年当時のことなので、過去完了進行形のままで可。

重要語句

- **renovation** 名 改築   - **tilt** 動 傾く   - **lean** 動 傾く

19　正解 (C)　improve ➡ improving

正しい文と訳

Palming has been proven as an effective natural method of improving one's eyesight.
パーミングは、効果的で自然な視力回復法であると証明されている。

解説

前置詞 of の前後には名詞が必要なので、(C) の動詞 improve を動名詞 improving に修正する。

重要語句

- **palming** 名 パーミング《手のひらで目を覆う視力回復法》   - **eyesight** 名 視力

20　正解 (D)　like ➡ alike

正しい文と訳

When an attack is about to occur, the disorientation of an aura alerts both migraine and epilepsy sufferers alike.
見当識障害は、発作が起こりそうな片頭痛とてんかんの患者に同じように、前兆として警告を与える。

解説

(D) の形容詞 like は名詞の前にしか使えないので、叙述形容詞で同じ意味を持つ

alikeに修正する。

重要語句

- disorientation 名 失見当識　　aura 名 前兆　　migraine 名 片頭痛
- epilepsy 名 てんかん

21　正解（D）　know ➡ known

正しい文と訳

The Savannah Campaign by Confederate troops in the Civil War is more commonly known as "Sherman's March to the Sea."

南北戦争における南部連合軍によるサバナ作戦は、「シャーマン将軍の海への進軍」としてより広く知られている。

解説

（D）の動詞knowは（C）の直前のisとつながって「知られている」という意味の受動態になる（➡解法20）。したがって、過去分詞knownに修正する。

重要語句

- troops 名 軍隊　　the Civil War 名 南北戦争

22　正解（A）　invaded to ➡ invaded

正しい文と訳

Since France invaded Vietnam in the 1800s, French has replaced Chinese as the official language of education, and the Vietnamese writing system has been Romanized.

1800年代にフランスがベトナムを侵略して以来、フランス語が教育のための公用語として中国語に取って代わり、ベトナムの書記体系はローマ字化された。

解説

（A）の動詞invadeは他動詞なので、前置詞toは不要。

23　正解（B）　appear attractively ➡ appear attractive

正しい文と訳

"Tax havens" like the Bahamas, Cyprus, and Monaco appear attractive to

international corporations since taxes in these countries are almost non-existent.
これらの国では税金がほとんど存在しないため、バハマ、キプロス、そしてモナコといった「租税回避地」は国際企業には魅力的に映る。

解説
(B) に連結動詞appearが含まれていることから、後ろに形容詞が必要。(➡解法22)。副詞attractivelyを形容詞attractiveに修正する。

重要語句
□ **tax haven** 名 租税回避地

24　正解（C）　through another ➡ through other

正しい文と訳
The Tour du France is usually not confined to France but sometimes follows a route through other nearby European countries such as Belgium, the Netherlands, Germany, Italy and Spain.
ツールドフランスは通常フランス国内のみでなく、時には近隣のほかのヨーロッパ諸国、たとえばベルギー、オランダ、ドイツ、イタリア、そしてスペインなどにも経路を取る。

解説
(C) にanotherという表現が含まれていることに注目。anotherは単数名詞とともにしか使えないが、ここでanotherが修飾しているのはnearby European countriesという複数名詞なので、複数名詞を修飾できるotherに修正する (➡解法30)。

重要語句
□ **confine** 動 制限する

25　正解（A）　a first woman ➡ the first woman

正しい文と訳
Park Geun-hye is the first woman ever to be elected South Korean President, and she follows in her father's, Park Chung-hee's, footsteps because he served as president from 1963 to 1979.
パク・クネは韓国の大統領に選ばれた初めての女性であり、1963年から1979年まで大統領を務めた父、パク・チョンヒの足跡をたどることになる。

解説

first, second, third ... などの序数詞の前には定冠詞theが必要（➡解法25）。

重要語句

☐ **footstep** 名 足跡

26　正解（A）　as the most ➡ as the

正しい文と訳

Despite Reykjavík's status as the northernmost capital in the world, it has a relatively temperate climate due to contact with the warm currents of the Gulf Stream.

レイキャビクは世界最北の首都であるにもかかわらず、湾流の暖流に接しているので、比較的気候は温暖である。

解説

（A）の直後にある形容詞northernmostは「最北の」という意味なので、「もっとも〜な」という意味を表す（A）のmostは不要（➡解法29）。

重要語句

☐ **temperate** 形 温和な　　☐ **climate** 名 気候　　☐ **current** 名 海流

27　正解（C）　learn how to ➡ learning how to

正しい文と訳

Moshé Feldenkrais' invention of the Feldenkrais Method was highly influenced by Judo because both involve learning how to avoid pain through movement.

モーシェ・フェルデンクライスの発明であるフェルデンクライス・メソッドは、動きを通して痛みを避けることを学ぶという点で、柔道から大きな影響を受けている。

解説

（C）の直前に動詞involveがあるので、involve learnと動詞が2つ並ばないように、（C）のlearnをlearningと動名詞にする。learning how to avoid pain through movementはinvolveの目的語となる。

重要語句

☐ **avoid** 動 避ける

28　正解（A）　the architect → the architects

正しい文と訳

As one of the architects of 19th and 20th century socialism, Karl Marx's writings triggered the formation of communist states such as the People's Republic of China and the Soviet Union.

19世紀から20世紀の社会主義の立役者であるカール・マルクスの著作は、中華人民共和国やソビエト連邦などの共産主義国家が形成される引き金となった。

解説

one of ...「〜の中のひとり／ひとつ」という表現には、複数名詞が必要なので、（A）の単数名詞architectを複数名詞architectsに修正する。

重要語句

□ **trigger** 動 きっかけとなる

29　正解（B）　nerve damages → nerve damage

正しい文と訳

Because wisdom teeth often impact other teeth and can cause nerve damage, many dentists recommend their removal in early adulthood, when the roots have not yet fully formed.

親知らずはしばしばほかの歯に影響を与え、神経損傷の原因となりえるので、多くの歯科医師は、まだ歯根が完全に形成されていない成人早期における除去を推奨する。

解説

（B）のdamageは不可算名詞なので、damagesと複数形になっているのをdamageと単数形に修正する（➡解法15）。

重要語句

□ **wisdom tooth** 名 親知らず　□ **adulthood** 名 成人期

30　正解（B）　the dishes → the dish

正しい文と訳

Even though the dish originated in the United States, Eggs Benedict is ironically made with Canadian bacon, Hollandaise sauce and an English muffin.

エッグ・ベネディクトは合衆国で考案された料理であるが、皮肉なことに、カナダのベーコン、オランデーズソース、そしてイングリッシュマフィンから作られる。

> 解説

(B) のthe dishesはEggs Benedictという一種類の料理を指し示しているので、dishesという複数形をdishと単数形に修正する（➡解法16）。

31　正解（A）Either differential ➡ Both differential

> 正しい文と訳

Both differential and integral calculus require analysis of functions and limits, and both have practical application in the fields of science, economics and engineering.

微分学も積分学も関数と極限の分析を必要とし、どちらも科学、経済、工学の分野で実用的に応用されている。

> 解説

(A) の直後にandがあることから、(A) のEitherをBothに修正し、both A and B「AもBも両方」という表現を作る。

> 重要語句

- **differential calculus** 名 微分学　□ **integral calculus** 名 積分学
- **function** 名 関数

32　正解（D）　diagnose heart attack
　　　　　　　➡ diagnose a heart attack

> 正しい文と訳

A high level of the enzyme creatine kinase found in the blood indicates there has been damage to the muscle tissue, heart or brain and could possibly diagnose a heart attack.

クリアチンキナーゼ酵素の血中値が高いことは、筋組織、心臓、または脳に損傷があったことを示しており、心臓発作の診断につながることがある。

> 解説

(D) に含まれているheart attackは可算名詞の単数形なので、不定冠詞aが必要（➡解法25）。

重要語句

- **enzyme** 名 酵素
- **creatine kinase** 名 クレアチンキナーゼ《筋肉内に存在する酵素》

33　正解（B）　to range weight ➡ to range in weight

正しい文と訳

Based on weight that has been recorded, mammals are known to range in weight from 1.2 grams, in the case of the Etruscan shrew, to 190 tons, in the case of the blue whale.

体重に関する記録によると、哺乳類の体重には、コビトジャコウネズミの1.2グラムから、シロナガスクジラの190トンまでの範囲がある。

解説

「体重においては…の範囲がある」という意味なので、(B) のweightの前には前置詞inが必要。必要な前置詞が省略されている問題（➡解法26）。

重要語句

- **Etruscan shrew** 名 コビトジャコウネズミ　　□ **blue whale** 名 シロナガスクジラ

34　正解（B）　were founded ➡ was founded

正しい文と訳

Former international airlines, Pan Am, was founded in 1927 as a small airmail and passenger carrier with flights solely between Key West, Florida and Havana, Cuba.

かつて国際航空会社であったパンナムは、フロリダのキーウエストとキューバのハバナの間のみを飛ぶ航空便と旅客機を持った小さな会社として1927年に設立された。

解説

airlinesはsがついた状態で「航空会社」という単数名詞。したがって、この主語に対応する (B) の動詞を複数形were foundedではなく、単数形was foundedにする。

重要語句

- **carrier** 名 運輸会社

35　正解（D）　than nonusers who ➡ than people who

正しい文と訳

Cannabis use and obesity have been shown to have a negative correlation, with frequent users having about a 7% lower rate of obesity than people who never smoke marijuana.

大麻使用と肥満は逆相関の関係にあるとされており、大麻を頻繁に使用する人は大麻をまったく吸わない人に比べて、肥満になる率が約7パーセント低い。

解説

(D) と直後の never smoke marijuana を合わせて、「大麻をまったく吸わない人」という意味を作りたいので、nonusers を people に修正する。

重要語句

□ cannabis 名 大麻　□ obesity 名 肥満　□ correlation 名 相関関係

36　正解（B）　there is about ➡ there are about

正しい文と訳

According to the United States Census Bureau, there are about 37 million Spanish speakers in the U.S., which makes it the 2nd-largest Spanish-speaking population in the world.

合衆国国勢調査局によると、合衆国には約3700万人のスペイン語話者がおり、このことによって合衆国は世界で2番目にスペイン語話者が多い国となる。

解説

(B) の there is の後には Spanish speakers という名詞の複数形があるので、there is は there are に修正する。

重要語句

□ census 名 国勢調査

37　正解（A）　have be found ➡ have to be found

正しい文と訳

Words have to be found in a substantial number and a wide range of publications to be part of the English lexicon, so it did not take long for words like "AIDS" and "tweet" to be included.

単語が英語辞書の一部となるためには、多様な出版物の中で何度も使用されていなければならないため、「エイズ」や「ツイート」といった単語はすぐに辞書に含まれた。

解説

(A) には have と be という、動詞の原形が2つ並んでいるが、このような動詞の形は英語ではありえない。意味を考えて、have to be found と助動詞 have to を使う (➡解法19)。

重要語句

□ **substantial** 形 かなりの　　□ **lexicon** 名 辞書

38　正解（C）　living organisms ➡ organisms / living things

正しい文と訳

While ancient Mars was comprised of 36% to 75% ocean and could have been home to organisms / living things, currently the only form of water on the surface of Mars is ice.

太古の火星の36パーセントから75パーセントは海であり、生物が存在することができたが、現在の火星の表面にある水分は氷だけである。

解説

(C) に含まれている名詞 organisms は「生命体」という意味なので、「生きている」という意味の形容詞 living は不要 (➡解法29)。

重要語句

□ **comprise** 動 包含する、含む

39　正解（D）　successfully in a ➡ successful in a

正しい文と訳

A new leukemia therapy, in which modified T cells attack the cancerous B cells via their CD19 proteins, has proven successful in a few patients at Memorial Sloan-Kettering.

修正されたT細胞がプロテインCD19を通して癌性のB細胞を攻撃するという、新しい白血病の治療法は、メモリアル・スローン・ケタリング癌センターの数人の患者の例では成功した。

解説

(D) の直前に has proven という連結動詞（原形は prove）があるので、直後には副詞ではなく形容詞が必要（➡解法22）。(D) の副詞 successfully を形容詞 successful に修正する。

重要語句

□ **leukemia** 名 白血病　□ **therapy** 名 療法　□ **cancerous** 形 癌の

40　正解（C）　been graduated to ➡ graduated to

正しい文と訳

The genre known as "photorealism," a visual arts movement that began in the 1960s, has graduated to "hyperrealism" due to the advent of digital technology and its use in art.

1960年代に始まった視覚芸術運動であり、「フォトリアリズム」として知られているジャンルは、デジタル技術の出現とそれが美術の世界で使用されることによって「超写実主義」へと変わった。

解説

意味の上から、(C) の動詞は受動態ではなく能動態が必要（➡解法20）。been graduated to を graduated to に修正する。

重要語句

□ **genre** 名 形式、様式　□ **advent** 名 出現

文法模擬テスト　正解一覧

Test 1

① B	⑪ C	㉑ C	㉛ A
② A	⑫ C	㉒ A	㉜ C
③ A	⑬ D	㉓ D	㉝ C
④ C	⑭ A	㉔ B	㉞ B
⑤ B	⑮ C	㉕ D	㉟ D
⑥ C	⑯ B	㉖ B	㊱ A
⑦ D	⑰ D	㉗ A	㊲ D
⑧ C	⑱ B	㉘ C	㊳ A
⑨ D	⑲ C	㉙ A	㊴ B
⑩ B	⑳ C	㉚ C	㊵ C

Test 2

① B	⑪ D	㉑ D	㉛ B
② C	⑫ D	㉒ D	㉜ A
③ A	⑬ C	㉓ A	㉝ D
④ D	⑭ B	㉔ A	㉞ D
⑤ A	⑮ A	㉕ C	㉟ C
⑥ C	⑯ A	㉖ B	㊱ B
⑦ B	⑰ A	㉗ B	㊲ A
⑧ B	⑱ C	㉘ C	㊳ A
⑨ B	⑲ B	㉙ B	㊴ B
⑩ A	⑳ B	㉚ D	㊵ D

Test 3

① D	⑪ C	㉑ A	㉛ B
② C	⑫ C	㉒ D	㉜ C
③ A	⑬ C	㉓ B	㉝ A
④ A	⑭ B	㉔ D	㉞ A
⑤ B	⑮ D	㉕ C	㉟ D
⑥ C	⑯ B	㉖ A	㊱ B
⑦ D	⑰ D	㉗ B	㊲ A
⑧ A	⑱ B	㉘ B	㊳ A
⑨ B	⑲ C	㉙ A	㊴ B
⑩ B	⑳ B	㉚ D	㊵ C

Test 4

① A　⑪ D　㉑ A　㉛ D
② B　⑫ C　㉒ D　㉜ D
③ D　⑬ D　㉓ B　㉝ C
④ B　⑭ A　㉔ A　㉞ C
⑤ A　⑮ B　㉕ A　㉟ D
⑥ C　⑯ C　㉖ D　㊱ A
⑦ B　⑰ A　㉗ C　㊲ A
⑧ D　⑱ C　㉘ B　㊳ C
⑨ C　⑲ C　㉙ A　㊴ C
⑩ B　⑳ D　㉚ C　㊵ C

Test 5

① A　⑪ C　㉑ A　㉛ A
② C　⑫ D　㉒ A　㉜ D
③ C　⑬ B　㉓ C　㉝ A
④ A　⑭ D　㉔ B　㉞ C
⑤ D　⑮ A　㉕ C　㉟ C
⑥ B　⑯ B　㉖ C　㊱ B
⑦ B　⑰ B　㉗ C　㊲ A
⑧ D　⑱ B　㉘ C　㊳ D
⑨ B　⑲ C　㉙ B　㊴ A
⑩ C　⑳ C　㉚ A　㊵ C

Test 6

① D　⑪ C　㉑ D　㉛ A
② C　⑫ C　㉒ A　㉜ D
③ C　⑬ B　㉓ B　㉝ B
④ B　⑭ B　㉔ C　㉞ B
⑤ A　⑮ A　㉕ A　㉟ D
⑥ D　⑯ C　㉖ A　㊱ B
⑦ A　⑰ B　㉗ C　㊲ A
⑧ D　⑱ B　㉘ A　㊳ C
⑨ B　⑲ C　㉙ B　㊴ D
⑩ B　⑳ D　㉚ B　㊵ C

● 著者紹介

高橋 良子　Takahashi Ryoko
大阪出身。中学・高校時代をアメリカで過ごす。慶應義塾大学法学部卒業、上智大学大学院外国語学研究科修士課程修了（言語学）。専門は外国語教授法（TESOL）。早稲田大学、テンプル大学ジャパンキャンパスなどで主にTOEFLコース、ライティングコースを担当している。著書に、『Living English for the TOEIC® TEST』（共著、センゲージラーニング／アスク出版）、『TOEFL ITP® テスト総合スピードマスター入門編』、『TOEFL ITP® テストスピードマスター完全模試』（以上共著、Jリサーチ出版）などがある。

キャラ フィリップス　Cara Phillips
バージニア州出身。ピッツバーグ大学卒業、専門は日本語とアジア研究。コロラド州立大学修士号取得、専門は英語教育（TEFL/TESL）。コロラド州立大学、関西学院大学、東洋学園大学、テンプル大学ジャパンキャンパスなどで主にリスニング・スピーキングコース、ライティングコース、TOEFLコースを講師として教えた経験を持つ。現在は、自身が経営する英語教室 Homemade English でコンテントベース（英語を使ったアクティビティ）のレッスンを行っている。著書に『TOEFL ITP® テストスピードマスター完全模試』（共著、Jリサーチ出版）がある。
教室ウェブサイト：http://carasensei.com

カバーデザイン	滝デザイン事務所
本文デザイン	松本梨花（AMI）
本文DTP	朝日メディアインターナショナル株式会社

TOEFL ITP® テスト　英文法スピードマスター

平成25年（2013年）10月10日　初版第1刷発行

著　者	高橋良子／キャラ・フィリップス
発行人	福田富与
発行所	有限会社　Jリサーチ出版
	〒166-0002　東京都杉並区高円寺北2-29-14-705
	電　話 03(6808)8801(代)　FAX 03(5364)5310
	編集部 03(6808)8806
	http://www.jresearch.co.jp
印刷所	大日本印刷株式会社

ISBN978-4-86392-155-9　禁無断転載。なお、乱丁・落丁はお取り替えいたします。
© 2013 Ryoko Takahashi, Cara Phillips. All rights reserved.

Jリサーチ出版のTOEFL® TEST対策本

単語 **総合対策** **模試** シリーズでバランスよく学習できる
TOEFL対策はJリサーチ出版

単語を極める。受験者必携の1冊

TOEFL iBT・ITP対応
TOEFL® TEST 英単語スピードマスター
CD2枚付

TOEFLスタイルの例文で完全マスター頻出3000語

コンピュータ分析により頻出語彙3000語を厳選して収録。ジャンル別の構成で覚えやすい。アカデミック語彙も充実。大学のポピュラーな学術分野の頻出語彙を網羅。留学後も役立つ。学生生活に必要な「リスニング語彙」や「イディオム」もカバー。

妻鳥 千鶴子／Mark D.Stafford／松井 こずえ／水本 篤 共著
A5判変型／定価1600円（本体）

はじめて受ける人のための最初の1冊

団体受験テスト対応
TOEFL® ITPテスト 総合スピードマスター入門編
CD付

はじめて受ける人にも全セクションがよくわかる解法48

TOEFL ITP（団体受検）を受ける学生に向け、全セクション・全パートの攻略法を模擬テスト1回分を提供。初めて受ける学生も視野に入れ、受験前の準備・心がまえから超実践的な解法までを懇切丁寧に伝授。

高橋 良子／クレイグ・ブラントリー 共著
A5判／定価1600円（本体）

本番前の総仕上げに最適。模試3回分

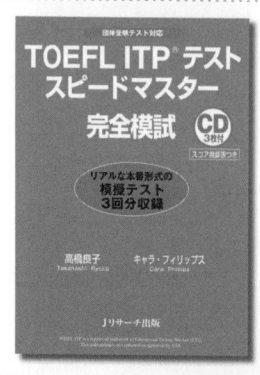

団体受験テスト対応
TOEFL ITP® テスト スピードマスター完全模試
CD3枚付

リアルな本番形式の模擬テスト3回分収録 スコア換算表つき

究極の使いやすさを追求した本試験前に必ず使いたい1冊。本番形式の模擬試験3回分収録。全ての問題に日本語訳と丁寧な解説つき。重要語句のリストでカンタンに語彙チェックができる。スコア換算表つきだから実力把握や本番前の総仕上げに最適。

高橋良子／キャラ・フィリップス 共著
A5判／定価2000円（本体）

全国書店にて好評発売中！

TOEFL is a registered trademark of Educational Testing Service (E

http://www.jresearch.co.jp　Jリサーチ出版　〒166-0002 東京都杉並区高円寺北2-29-14-
TEL03-6808-8801　FAX03-5364-53

Jリサーチ出版の TOEIC®関連書

受験者の支持を受け シリーズ累計200万部突破!

実売70万部超 TOEIC® TEST 単語集 No.1

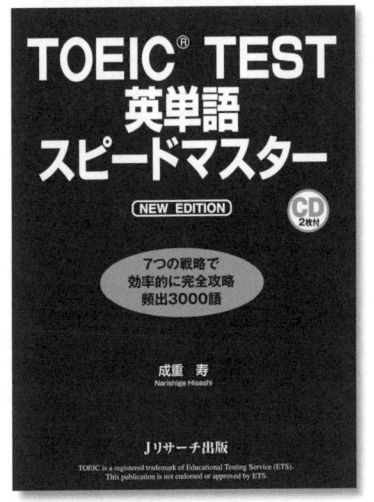

オール紀伊國屋書店、オールジュンク堂書店、大学生協連合平成24年年間調査より

TOEIC® TEST 英単語スピードマスター 改訂新版

NEW EDITION   CD2枚・赤シート付

7つの戦略で効率的に完全攻略 頻出3000語

本書の特長
① 英単語攻略のルートがくっきり見える。
② 類義語・派生語も一挙に覚えられて効率的。
③ ビジネス語を1400語以上カバー。
④ 実戦的な例文でTOEICに直結する!
⑤ CD(2枚)でリスニングも強化できる。

成重 寿 著   定価1400円(本体)

めざせ600点!全パート攻略

はじめて受ける TOEIC® TEST 総合スピードマスター CD付

はじめて受ける人のために親切に書かれた入門書。この1冊でTOEICを完全攻略。完全模試1回分つき。

成重 寿/柴山 かつの/ビッキー・グラス 共著   定価1500円(本体)

24の解法を駆使して900点をめざす!

TOEIC® TEST リスニングスピードマスターVer.2 CD2枚付

リスニングセクション全問題に共通の究極解法をマスターできる。最新の出題傾向と本番スタイルのトレーニングが実力をつける。

松本 恵美子 著   定価1600円(本体)

頻出問題形式の徹底練習で900点をめざす!

新TOEIC® TEST 英文法・語彙スピードマスター

Part5&6を完全マスターするための1冊。最新・頻出の出題傾向に対応。攻略法と学習ポイントをわかりやすく解説。高得点をめざす方必携。

安河内 哲也 著   定価1400円(本体)

Part7全問解答で900点をめざす!

TOEIC® TEST リーディングスピードマスターVer.2

Part7に必要な学習項目を網羅。最難関Part攻略のための最強の戦略・解法がマスターできる。最新の出題傾向と本番スタイルのトレーニングが実力をつける。

成重 寿 著   定価1500円(本体)

全国書店にて好評発売中!

TOEIC is a registered trademark of Educational Testing Service (ETS).

http://www.jresearch.co.jp   **Jリサーチ出版**   〒166-0002 東京都杉並区高円寺北2-29-14-705
TEL03-6808-8801 FAX03-5364-5310

Jリサーチ出版の
TOEIC® 関連書

受験者の支持を受け
シリーズ累計200万部突破

文法問題を一秒でも速く解く！

－スキマ時間で基礎固め－

本当にスコアが上がる厳選問題

TOEIC® TEST 英文法 TARGET

森田　鉄也　著

600点をめざす

定価1000円（本体）

900点をめざす

定価1200円（本体）

頻出熟語1400をマスター

TOEIC® TEST 英熟語 スピードマスター

CD 2枚付 赤シート付

TOEICによく出る動詞句・イディオム・会話表現を1440語句収録。 4レベル別の構成。CDには全ての例文を収録。

成重 寿/ビッキーグラス 共著　定価1400円（本体）

最重要単語を7日間で完全チェック

TOEIC® TEST 英単語スピードマスター 問題集

CD付

最重要語を短時間で総復習するための1冊。 初級者から800点超の読者まで役立つ。 問題文をCDにも収録。

成重 寿/ビッキーグラス 共著　定価1400円（本体）

【超入門】430点をめざす！

TOEIC® TEST 英単語 超入門編

CD付 赤シート付

即戦力になる超重要単語から順に覚えられるように構成。 類義語や派生語も紹介。 別冊で練習問題つき。

霜村　和久　著　定価1200円（本体）

【初級】600点をめざす！

TOEIC® TEST 最頻出語 スピードマスター

CD 2枚付 赤シート付

最頻出の1400語を5つのボキャブラリー戦略で効率よくマスター。 全ての見出し語には本試験さながらのリアルな例文つき。

成重 寿/ビッキーグラス 共著　定価1400円（本体）

全国書店にて好評発売中！

TOEIC is a registered trademark of Educational Testing Servic

http://www.jresearch.co.jp　Jリサーチ出版　〒166-0002 東京都杉並区高円寺北 2-29-14
TEL03-6808-8801　FAX03-5364-53

文法模擬テスト

この別冊は本冊から取り外すことが可能です。

CONTENTS

Test 1 ……………… 4

Test 2 ……………… 13

Test 3 ……………… 22

Test 4 ……………… 31

Test 5 ……………… 40

Test 6 ……………… 49

解答用紙 ……………… 59

◇ この別冊の 59 ページと 61 ページにある解答用のマークシートを切り取ってご利用ください。

◇ 実際の試験と同じように時間を計り、1 回 25 分で解答しましょう。

◇ 解答が終わったら、本冊 187 ページの「正解一覧」で自己採点をしましょう。その後、本冊 61 ページから始まる「正解・解説」で各問題の解説を読み、しっかり復習してください。

Test 1

Structure

1. While ------- to Central Asia, garlic is known to be an essential seasoning in Southern European cuisine.
   (A) it natives
   (B) it is native
   (C) natively
   (D) being nativity

2. ------- the War in Afghanistan and the Iraq War were instigated by the U.S. armed forces in response to the September 11th terrorist attacks.
   (A) Both
   (B) Either
   (C) Neither
   (D) With

3. There are generally 2 peanuts per pod, but there can be as ------- as 1 and as many as 4.
   (A) few
   (B) fewer
   (C) less
   (D) lesser

4. Child mortality rates in most developing countries average 1/12, ------- to 1/152 in developed countries.
   (A) comparing
   (B) compares
   (C) compared
   (D) compare

5. The Pulitzer Prize winning book and subsequent Academy Award winning film adaptation, *Gone with the Wind*, was the brainchild of a car crash patient, Margaret Mitchell, ------- many months of recovery.
   (A) and she
   (B) during her
   (C) she had
   (D) is having

6. The Mongol Empire, led by Genghis Khan in the 13th century, ------- empire in history, comprising much of Europe and Asia.
   (A) is the largest
   (B) is the larger
   (C) was the largest
   (D) was the larger

7. Sciatica is pain in the buttocks, legs, and/or feet ------- a result of a herniated disk in the lower back putting pressure on the sciatic nerve.
   (A) and developing
   (B) but develop in
   (C) which developed
   (D) that develops as

8. Moxibustion is an East Asian medicinal therapy, which involves ------- moxa, or dried mugwort, directly or indirectly onto the patient's skin.
   (A) burn
   (B) to burn
   (C) burning
   (D) burned

9. The 18th Amendment of the Constitution was nullified by the addition of the 21st Amendment in 1933, ending Prohibition, ------- alcohol production and sales in the United States.
   (A) for 13 years to ban
   (B) 13-year bans the
   (C) it banned 13 years of
   (D) the 13-year ban on

10. ------- won the Nobel Prize in both chemistry and physics in the early 20th century, died as a result of years of exposure to radiation from her research.
    (A) Marie Curie
    (B) Marie Curie, who
    (C) It was Marie Curie who
    (D) Marie Curie was the

11. Statistics show that around 90% of women in the United States have epidurals during childbirth, ------- around 90% of women in Japan have natural births.
    (A) even
    (B) although
    (C) whereas
    (D) with

12. NASA ------- permission and a $100 million budget to build an asteroid capture device that could be used for research and mining purposes as early as 2017.
    (A) give
    (B) are giving
    (C) has been given
    (D) had been gave

13. ------- originally intended as a border in Colonial America in the mid-18th century and not as the border between the north and south during the Civil War.
    (A) The Mason-Dixon line
    (B) The line was Mason-Dixon
    (C) It is the Mason-Dixon line
    (D) The Mason-Dixon line was

14. The physician Hippocrates coined the term "cancer," ------- "crab" in Greek, because he thought tumors resembled the crustaceous creature.
    (A) or
    (B) of
    (C) as
    (D) if

15. Medical insurance does not automatically guarantee reimbursement of medical payments, and the insured must submit a claim ------- the insurance company.
    (A) approving of
    (B) to be approved
    (C) for approval by
    (D) approves about

Written Expression

16. Once cosmic microwave background radiation discovered in 1964, most
                    A   B
    scientists became convinced that some form of the Big Bang Theory was true.
                     C   D

17. Although the Japanese government does not allow same-sex marriages
                   A   B
    domestically, since March 27, 2009 it recognized same-sex marriages from
                C   D
    abroad.

18. Until the political and economic upheaval who occurred in the mid-19th century
     A   B
    in Europe, immigrants to the United States mainly comprised British indentured
                                                  C   D
    servants.

19. The Bolshevik Revolution resulted in the "Red Scare" and culminated in many
                                   A   B
    American citizens having prosecuted for their assumed affiliation with
                              C   D
    communism.

20. By 6 weeks a human fetus' skeletal, respiratory, excretory, circulatory and
       A   B
    nervous systems are all begun to form.
                           C   D

21. The Earth takes around 365.242199 days to circle the sun, so almost every
          A   B
    4th years, February 29th is added to the calendar to compensate for the
        C   D
    remaining time.

22. Vitamin D aid in the absorption of many other vitamins, yet Vitamin D
              A   B   C
    deficiencies are more common than any other vitamin deficiency.
                                     D

23. The city of New Orleans has sunk below sea level partly due to the rising sea
                            D   B
    level and partly because of a groundwater, oil and gas withdrawals.
          C   D

24. American Indians are genetically and linguistically linked to East Asians, and
                                                        A
    them are thought to have migrated across a glacial land bridge where the Bering
     B   C   D
    Strait is now located.

25. The application of honey on a 1st-degree burn alleviates pain, prevents blisters
           A   B
    from forming and enabling a quick recovery.
         C   D

26. Most of the tulip bulbs produced in the world today still comes from the
                            A   B
    Netherlands, and they are primarily exported to the United States, Japan,
                 C   D
    Norway and Canada.

9

27. Practicing yoga will likely improves one's breathing technique, inner muscle
                          A   B   C
development, metabolic rate and vertebrae alignment.
              D

28. Despite the bad reputation egg yolks have gotten for being higher in fat, calories
                                      A   B
and cholesterol than egg whites, they are far rich in vitamins and nutrients than
                                           C
the latter.
D

29. Tinea pedis, known as commonly athlete's foot, is a fungal infection
                        A
that can spread not only to the feet, but also to any warm, moist areas of the
        B   C   D
skin.

30. There are approximately 12,000 species of moss classified in the division
              A   B
Bryophyta, range from 1 to 50 centimeters in height.
           C   D

31. The inventions of Mambo music and dance in 1930s Cuba were Arsenio
        A   B
Rodriguez and Perez Prado, respectively, and the dance became popular in
                           C   D
Mexico in the 1940s.

32. The first American colonial flag consisted of 13 stars and 13 stripes to represent
                                        A   B
    each colonies, but variations existed on the arrangement of the stars.
          C   D

33. Smoking increases women's chances of stroke if she are over the age of 35 and
              A   B   C
    take birth control pills.
                D

34. While black tea has been found to contain antioxidants healthy, if the tea is
                         A   B
    mixed with milk, the dairy proteins will cancel out the
                                             C
    antioxidants' effectiveness.
          D

35. In addition to being a common culinary ingredient, vinegar is said to be
                  A   B
    a full-proof method of cleaning items with build up minerals and deposits.
        C   D

36. Great Britain's successfully outcome in the Falkland War in 1982 was a primary
                      A   B   C
    factor in Margaret Thatcher's reelection.
                                  D

37. Contrary to its actual meaning, the title role in the popular 1950s TV show
         A   B
    Lassie was played by various male dog, never female dogs.
           C   D

38. Prostate cancer screening has be discontinued in recent years because
                            A   B
    the mortality rates did not change, regardless of screening.
           C   D

39. Samoa Airlines has become the first airline in the world to institution the
                      A   B
    controversial passenger-weight-based ticketing structure.
                  C   D

40. Russia's aggression against Turkey both led to the retaliation by its ally countries
                         A   B
    of France, Great Britain and Sardinia but started the Crimean War in 1953.
                                           C   D

Test 2

Structure

1. ------- of the International Date Line in 1995, Caroline, now Millennium, Island was the first location in the world to enter the year 2000.
   (A) It was redrawn because
   (B) Because of the redrawing
   (C) Because they redrew
   (D) The reason for the redraw

2. The debate over drilling for oil below ------- Arctic National Wildlife Refuge has intensified with the recession and the rising cost of fuel.
   (A) they are protecting long
   (B) protect a long time
   (C) the long-protected
   (D) a long protection of

3. ------- the Spanish city of Mahon, later came to be called "mayonnaise" merely due to a typographical error in an 1841 cookbook.
   (A) "Mahonnaise," named after
   (B) "Mahonnaise" was named after
   (C) The name is after "Mahonnaise,"
   (D) After the name "Mahonnaise,"

4. With a highly acid pH of around 2.3 ------- after consumption, lemons can help one's blood maintain acid-alkaline homeostasis.
   (A) alkali metabolizes
   (B) metabolizes into alkali
   (C) alkali metabolizes into that
   (D) that metabolizes into alkali

13

5. Representing both farmers and consumers, ------- to overturn the "Monsanto Protection Act," which has allowed for the production of genetically modified seeds.

   (A) Senator Merkley is hoping
   (B) the hope of Senator Merkley
   (C) they hoped Senator Merkley
   (D) hoped by Senator Merkley

6. ------- to Mexico during the Texas Revolution of 1836, to this day the compound is a Texas symbol of freedom and sacrifice.

   (A) The battle of the Alamo lost
   (B) They lost the battle of the Alamo
   (C) Even though the battle of the Alamo was lost
   (D) Though they lost the even battle of the Alamo

7. The impressive 1-mile-deep Carlsbad Caverns are presently located in southern New Mexico ------- 250 to 280 million years.

   (A) dating and backing
   (B) and date back
   (C) the back dates of
   (D) back of the date

8. Thomas Jefferson ------- and former U.S. presidents, both bizarrely died on July 4th, exactly 50 years after signing the Declaration of Independence.

   (A) or John Adams was founding a father
   (B) and John Adams, founding fathers
   (C) with John Adams found fathers of 2
   (D) fathered and found 2 John Adams

9. Kilimanjaro is the world's highest free-standing mountain, and ------- 2 extinct volcanic cones and 1 dormant volcano, which still has eruption potential.
   (A) making it
   (B) it is made up of
   (C) makes up
   (D) of which is made

10. Mardi Gras, or "Fat Tuesday," is the practice by Catholics of enjoying fatty foods before giving them up for the season of Lent, ------- Ash Wednesday.
    (A) which begins the following day,
    (B) the beginning is the day following
    (C) and it began and follows a day,
    (D) has begun on the day which follows

11. The UAE is one country consisting of 7 emirates: Abu Dhabi, Ajman, Dubai, Fujairah, Ras al-Khaimah, Sharjah, and Umm al-Quwain, ------- by a different emir.
    (A) they are each governed
    (B) they govern each of them
    (C) of which each are governed
    (D) each of which is governed

12. The United States currently ranks 147th in the world with regard to retirement security, ------- pension plans, social security and healthcare.
    (A) is a measurement of factors
    (B) factors they will measure
    (C) and factors to measure the
    (D) measured by factors such as

13. Continental drift ------- by the discovery of fossils and living examples of the same species across continents, in addition to the complementary faces of Africa and South America.
    (A) which is supportive
    (B) that they support
    (C) has been supported
    (D) is supporting

14. Particularly for ear infections, children should receive twice the dose of antibiotics than ------- children will likely encounter resistance.
    (A) adults because do
    (B) do adults because the
    (C) because adults do
    (D) because the adults and

15. The 4-time gold medalist in the 1936 Berlin Olympics, Jesse Owens, received a signed photograph from Hitler but ------- get an acknowledgement from then president, Franklin Roosevelt.
    (A) never did he
    (B) did he never
    (C) he had never
    (D) had he never

Written Expression

16. It has rumored that the 1960s Chicago mob boss Sam Giancana was involved in
    ─────────── ─────────   ──────────────
         A   B   C
    CIA plots to assassinate both JFK and Fidel Castro.
               ──────────────────
                       D

17. The rising sea level and sink of Venice at a rate of about 2 millimeters a year
                         ───────────   ──────────
                              A   B
    amount to an 80-milliliter drop below sea level over the next 20 years.
    ─────────────   ──────────────
         C   D

18. The Salem witch trials occurred between 1692 and 1693, with 100s of women
                 ─────   ────────
                   A   B
    accused and much imprisoned or sentenced to death by hanging.
                ────   ───────
                 C   D

19. The American jazz pianist, Count Basie, was responsible for musical innovators
                                            ───────────────   ──────────────────
                                                   A   B
    like using 2 tenor saxophones and riffs with big bands.
         ─────   ──────────
           C   D

20. Most of the 206 bones in the human body is located in the arms and legs,
            ────────────   ──────────
                 A   B
    the largest of which is the femur, or thighbone.
    ────────────────────   ─────────────
              C   D

21. Chinese Muslims, such as the Uyghurs in the western region, comprise about 1
                     ──────────────────   ──────────────   ──────────
                             A   B   C
    to 2% of a country's total population.
            ─────────────
                  D

17

22. Although in existence, it was not until Thomas W. Lawson's 1906 book *Friday,*
              A   B
    the Thirteenth that the bad luck myth surrounding this day and date
                      C
    became commonly.
            D

23. Men have the higher risk of contracting testicular cancer between the ages of 15
                 A   B
    and 35, and they have a 0.4% chance of contracting the disease
                    C
    throughout their lifetime.
              D

24. The much debate "super-sizing" amidst an obesity epidemic led to a ban on
           A   B   C
    selling orders of fast food sized larger than "large."
                                D

25. Since the NASA space shuttle program ended in 2011, NASA officials pay
              A   B
    Russia £40 million for each of theirs astronauts it sends to the International
                              C   D
    Space Station.

26. One of Madagascar's vital agricultural export, its vanilla comprises
                          A   B   C
    approximately 80% of the world's vanilla source.
                                            D

27. Caillebotte's membership in the Impressionists group is ironic consider his love
                   A   B
    for photography and the realism evident in many of his paintings.
                          C   D

28. Although citizens of Washington, D.C. can vote for president of the
            A   B
    United States do not have voting representation in the House of Representatives
                C   D
    or Senate.

29. Overly high levels of uric acid will crystallizes in joints, tendons, and tissues,
             A   B
    and in effect, cause a type of inflammatory arthritis known as "gout."
            C   D

30. A recent statistic by the Food and Agriculture Organization shows that
           A
    more than 2/3 of all fish species have been either depleted species or
         B   C   D
    overexploited.

31. The 5% acetic acid is found in vinegar is a result of bacterial oxidation of the
          A   B   C
    ethanol in wines and ciders, and it has the molecular formula CH_3COOH.
              D

32. While the internet provides numerous benefit to businesses, customer
                                          A
    complaints posted online are accessible to anyone and could be detrimental to
         B   C   D
    businesses.

33. When the light blue glacial <u>runoff</u> water <u>mixes</u> with the deep blue ocean water,
                                            A   B
    the line the <u>converging</u> waters <u>do</u> in the Gulf of Alaska is very clear.
                     C   D

34. The Potomac River <u>runs through the capital</u> and <u>is named after</u> the Patawomeck
                                    A   B
    tribe, yet these <u>500 remaining</u> members do not have <u>federal recognized</u> tribal
                       C   D
    status.

35. The <u>rebuilding tradition</u> of Ise Shrine follows the <u>original, millennium-old</u>
                   A   B
    blueprints and <u>are connected</u> to the Shinto belief in the <u>cyclical nature</u> of life and
                      C   D
    death.

36. <u>A few years after</u> Franklin Roosevelt <u>dies during</u> the beginning of his 4th term,
               A   B
    <u>Congress passed</u> the 22nd Amendment <u>limiting each</u> president to 2 terms.
          C   D

37. The box jellyfish <u>tend to gathering</u> and reproduce <u>near the beaches</u> on the
                                A   B
    windward shores about 10 days <u>after the full moon</u>, so swimmers
                                           C
    <u>avoid said beaches</u> at that time.
            D

38. Kudzu <u>has been considered</u> a beautiful flowering plant until <u>the latter half of the</u>
           A   B
    20th century when it became <u>an invasive species</u> that <u>killed off many</u> other plant
                                        C   D
    species.

39. Since 2012, <u>Vladivostok is home to</u> the <u>most long cable-stayed</u> bridge in the
                          A   B
    world, <u>the Russky Bridge,</u> <u>which spans from the</u> mainland to Russky Island.
                   C   D

40. Due to <u>poorer diets</u> and sedentary lifestyles, <u>2nd-generation</u> Hispanics in the
                 A   B
    U.S. have an average lifespan <u>that is</u> 3 years shorter <u>than her</u> immigrant parents.
                                     C   D

Test 3

Structure

1. ------- the first detailed accounts of Southwest American Indian tribes, Cabeza de Vaca's failure to re-establish Buenos Aires led to his imprisonment and poverty.
   (A) He is responsible for it though
   (B) Even though responsible
   (C) Though it was his responsibility
   (D) Although responsible for

2. "A 3rd kind of nation," -------, is one at risk of complete submergence, whereas the 1st and 2nd "kinds" will suffer the effects of global warming at less damaging levels.
   (A) is Micronesia
   (B) which Micronesia
   (C) such as Micronesia
   (D) Micronesia is one

3. Despite it being unconstitutional, in the 1803 Louisiana Purchase Jefferson paid $15 million to France ------- now 15 U.S. states and 2 Canadian provinces.
   (A) for what are
   (B) which is
   (C) and they are
   (D) to have them

4. The Aztec empire, weakened and diminished by smallpox and typhus epidemics, lost control to the Spaniards ------- the survivors away from their homes to larger cities.
   (A) who moved
   (B) they move
   (C) and moving
   (D) had moved

22

5. The IRS is suspected of inappropriate partisan activity in approval, or lack thereof, of tax exemption for groups affiliated with the Tea Party ------- to Congress about it.
   (A) which subsequent lies
   (B) and subsequently lying
   (C) they lied about subsequence
   (D) subsequently of their lie

6. At 275 feet tall and 100 feet wide, "General Sherman" in California's Sequoia National Park is the ------- and organism in the world.
   (A) large tree lives
   (B) larger tree lives
   (C) largest living tree
   (D) tree living large

7. The rapidly multiplying zebra mussel has spread throughout Europe and the Great Lakes region, ------- by clogging many factories' and plants' water pipes and valves.
   (A) cause massing damages
   (B) mass damaging causes
   (C) causes damage in masses
   (D) causing massive damage

8. All 3 Brontë sisters, Charlotte, Emily and Anne, ------- and novelists in mid-19th century England, paved the way for feminist literature before their untimely deaths.
   (A) who were poets
   (B) and having poems
   (C) whose poetry
   (D) is poetic

9. Translator Beate Sirota Gordon, who worked under General MacArthur, was responsible for Articles 14 and 24 of the Japanese constitution ------- equal rights.
   (A) and women's guarantee
   (B) that guarantee women
   (C) is guaranteed to women
   (D) which women guarantee

10. The Southeast Texas ghost town of Indianola ------- after the 1875 and 1886 hurricanes and fire killed 100s and obliterated most of the buildings.
    (A) did not rebuild
    (B) was never rebuilt
    (C) neither rebuilt
    (D) ever rebuild again

11. The new Vostochny cosmodrome ------- any future environmental impact disputes between Russia and Kazakhstan over the Proton-M booster rocket fuel spills at Baikonur.
    (A) prevent
    (B) preventing
    (C) will prevent
    (D) prevention

12. Only 5% of bronchitis cases are bacterial, as opposed ------- rare type of bronchitis is more serious, requires antibiotics, and is characterized by dark, thick mucus.
    (A) to the virus's
    (B) viruses and are a
    (C) to viral, but this
    (D) who is a viral

13. -------, Germany, in the 1450s and the first book in the Western world to be printed on a printing press, 48 original copies of the Gutenberg Bible survive.
    (A) Mainz' making
    (B) Mainz made it
    (C) Made in Mainz
    (D) Making of Mainz

14. A defeater of the Moors and past ruler of Valencia, Rodrigo Díaz de Vivar or "El Cid" is a popular historical figure in Spain about ------- many stories and songs are written.
    (A) which
    (B) whom
    (C) how
    (D) him

15. Approximately 215 million kids in 71 countries in Africa, Asia and Latin America ------- child laborers of around 130 types of goods.
    (A) estimated
    (B) estimated to
    (C) estimated to be
    (D) are estimated to be

Written Expression

16. The Industrial Revolution of the early to mid 19th century was most of a gradual
          　　　　　　　　　　　　A　　　　　　　　　　　　　　　　　　　　B
    transition than a revolution, but it is considered the most important era for
    　　　　　　　　　　　　　　　C　　　　　　　　　　　　　　　　　　　　　　D
    humanity.

17. The Peace Corps volunteer agency, which was established on March 1, 1961 by
    　　　　　　　　　　　　　　　　A　　　　　　B　　　　　　　　C
    President John F. Kennedy and the Department of State, continue today.
    　　　　　　　　　　　　　　　　　　　　　　　　　　　　　　D

18. In contrast to the Athenians, the Spartans did not leave behind much artifacts or
    　A　　　　　　　　　　　　　　　　　　　　　　　　　　　　　　B
    written works about themselves, so there is much that is unknown about them.
    　　　　　　C　　　　　　　　　　　　　　　　D

19. According to Greek mythology, even if one managed to avoid Medusa's fatal
    　　A　　　　　　　　　　　　　　　　　　　　　B
    stare, them would most likely be killed by the venomous snakes flowing from
    　　　　　C　　　　　　　　　　　D
    her head.

20. There are around 149 species of mangrove trees, and most is hermaphrodite
    　　A　　　　　　　　　　　　　　　　　　　　　　　　　B
    with 5-petal, insect-pollinating flowers.
    　　　C　　　　　D

21. Pelamis Wave Power has developing 6 renewable energy wave machines that
                        A   B
    are operating in waters off the coast of Portugal and Scotland.
       C   D

22. Calcium can be found in every food group and is necessary for the circulatory,
              A   B   C
    muscular, nervous, endocrine and skeletal systems to work proper.
                                                        D

23. In 1997, the Deep Blue chess machine defeated World Chess Champion
    A
    Kasparov, and by 2005, even home computers have defeated the world's
                  B   C
    strongest chess players.
       D

24. A UGA study in 2005 showed that contrary to popular belief, airbags increased
                                     A
    the likelihood of death in car accidents, particularly those occurring in high
                   B   C   D
    speeds.

25. Even with the Eco Everest Expedition annual cleaning project, there is still an
                                            A
    estimated 10 tons of frozen rubbish scattering along Mount's Everest's
               B   C
    climbing routes.
       D

26. LASIK surgery involving reshaping the eye's cornea with a laser and is meant to
            A   B   C
    improve the patient's vision permanently.
    D

27. Pickett's Charge was a 12,500 infantry assault by the Confederates,
                    A
    many of which became causalities, resulting in the end of the 3-day Battle of
        B   C   D
    Gettysburg.

28. In 2013 Flushing's P.S. 244 in New York City became the first public school in
    A
    the United States to served strictly vegetarian meals in their cafeteria from 2013.
                    B   C   D

29. The cowboy ballads in country music was on the decline due to the influence of
                                        A   B
    pop music in the 1960s and "outlaw country" and "urban country" in the 1970s.
                        C   D

30. Because of the Endangered Species Act of 1973, NOAA has strictly regulated
        A   B
    the use of commercial fishing gear that have been known to catch or harm sea
        C   D
    turtles.

31. Not the usual roasted coffee beans but the green ones are being consumed for its
                                A   B
    chlorogenic acid content which is said to stabilize blood sugar and metabolism.
                            C   D

32. Because the area between the eyebrows is thought to be the *3rd eye* or location
          A   B
    of wisdom hidden, Hindus place bindis there to heighten their concentration and
          C   D
    energy.

33. Reindeers and caribou are similar species, but the former is a domesticated
          A   B   C
    animal in northern Europe and Asia, and the latter is found in the wild tundra of
                                                D
    North America.

34. It is scientifically proven in 1980 that Bedouins' black robes did not absorb more
          A   B
    heat in the desert than white robes because of the cool air blowing underneath
          C   D
    the robes.

35. Formed by glaciers, fjords are often deeper than the nearby sea, and in those
          A   B
    depths are coral reefs teaming with plankton, anemones, sharks and others fish.
          C   D

36. Dry ice is possible through a process called sublimation, where a extremely low
          A   B
    temperature solid directly transforms into a gas, and the liquid stage is averted.
                  C   D

37. Approximately 70% Japanese mothers quit work after having children, and while
              A   B
    70% of them say they want to go back to work eventually, only 43% actually do.
                                  C   D

38. While fluorescent bulbs save energy and last longest, due to their price and
                                                 A   B
    harmful mercury content, they have yet to completely replace their incandescent
                                          C   D
    counterparts.

39. Japanese law carefully dictates how and by who blowfish is prepared to prevent
                               A   B   C
    the ingestion of the deadly tetrodotoxin, of which the highest concentration is in
                                                      D
    the liver.

40. Plato wrote that Atlantis sank in one day, and though the island's existence has
            A   B
    not been proved, Doggerland and other submerged landforms are suspected to be
             C   D
    Atlantis.

Test 4

Structure

1. While ancient Egypt was polytheistic, and modern Egypt is primarily Islamic, ------- in Egypt between the 3rd and 6th centuries was Christianity.
   (A) the most prevalent religion
   (B) religion is most prevalent
   (C) the most religious and prevalent
   (D) but religion mostly prevails

2. Wrestling has existed for several millennia, but the modern-day Olympic sport of Greco-Roman-style ------- in 19th-century France.
   (A) the origins of wrestling
   (B) wrestling originated
   (C) wrestles and originates
   (D) original wrestling

3. Fermented soybeans contain the same amount of nutrients as tofu and soy milk, but they are much easier for the human body to digest because -------.
   (A) unprocessed
   (B) of unprocessed
   (C) it is unprocessed
   (D) they are unprocessed

4. The Norse-style horned helmets were not worn by Viking warriors ------- by Norse priests during religious ceremonies.
   (A) neither
   (B) but
   (C) because
   (D) although

5. The depletion of ozone in the stratosphere located over Antarctica has created an increase in ultraviolet radiation ------- in skin cancer cases in Australia.
   (A) and consequently an increase
   (B) consequence of an increase
   (C) but increasingly consequential
   (D) consequenting in an increase

6. ------- reformed the country based on his controversial socialist "Bolivarian Revolution" movement.
   (A) Having Hugo Chávez as the President of Venezuela
   (B) Hugo Chávez who is the President of Venezuela
   (C) Hugo Chávez, the President of Venezuela, has
   (D) Hugo Chávez became the President of Venezuela

7. With the advent of Facebook pages, blogs ------- for personal use or fan pages.
   (A) decreases to be popular
   (B) are decreasing in popularity
   (C) decreasingly population
   (D) decreased on popularness

8. Michael Jackson was only 18 years old when he released *Thriller*, ------- of all time.
   (A) was the album's best sells
   (B) is best at selling albums
   (C) that the album best sold
   (D) which is the best-selling album

9. Despite the 75% success rate of vaginal births after cesarean, seldom ------- the risk because they are not equipped for emergency C-sections.
   (A) taken are local hospitals
   (B) local hospitals are taking
   (C) do local hospitals take
   (D) local hospitals do take

10. As a result of the events on September 11, 2001, the Department of Homeland Security ------- an annual budget of $60.8 billion.
    (A) is formed and given
    (B) was formed and given
    (C) forms and gives
    (D) forming and giving

11. Maglev ------- and propelled by magnets, are significantly faster, quieter, safer, and more ecological, though more expensive to make, than other trains.
    (A) levitated by trains
    (B) trains are levitated,
    (C) which are levitated trains
    (D) trains, which are levitated

12. Chromatography ------- a sample will each have different polarities and solubility and thus separate from the solution at different points.
    (A) and color molecules work in
    (B) working with the color molecules in
    (C) works because the color molecules in
    (D) color molecules because of working in

13. Andre Agassi went from being the number 1 tennis player in the world, to number 141, and back to number ------- a decade.
    (A) 1 course of
    (B) course 1 in
    (C) in 1 of the course
    (D) 1 in the course of

14. With the exception of fashion models, the H-1B visa is only available to foreign U.S. ------- degrees and specialized knowledge.
    (A) residents who have bachelor's
    (B) bachelor residents who having
    (C) residents and bachelors has whom
    (D) whom residents had a bachelor

15. The Irish Republican Army was divided after the Irish War of Independence ended in the 1921 Anglo-Irish Treaty ------- many members of the IRA did not agree.
    (A) which
    (B) with which
    (C) whom
    (D) with whom

Written Expression

16. Given his Nazi affiliation, Hugo Boss was denied voting rights in Germany,
                A   B
    there was a fine of 100,000 marks and forced to step down as president of his
             C   D
    namesake company.

17. Oranges were not a fruit specie until around 2500 BC when the Chinese
                           A
    crossbred them with what scientists believe were the pomelo and mandarin
       B   C   D
    orange.

18. Bride-napping is an illegal, yet seldom prosecuted, custom in many nations in
                A   B
    Central Asia and Africa, so it is still a wide practiced means of taking a wife.
                                C   D

19. The plains region in the Midwestern U.S. has less large bodies of water or
        A   B C
    mountains to interrupt the rotating air currents that allow for the formation and
                       D
    growth of tornados.

20. Dr. Henekh Morgentaler fought the Canadian legal system throughout his career
                        A
    by insisting on safe abortion rights for women, of which he later won the Order
        B   C   D
    of Canada.

21. Sarah Lawrence began offered Master of Arts degrees in Women's History in
                                  A   B
    1972, making it the first university to have a graduate program in the field.
                 C   D

22. At 92-years-old, Prince Philip, husband and 3rd cousin of Queen Elizabeth II, is
           A   B   C
    the older ever male British royal family member in history.
          D

23. Recent polls show that a 58% majority of American voters believes that same-
         A   B
    sex marriage should be legalized, with a 52% majority of Republicans also
                          C
    in support.
      D

24. With the introduce of horses and rifles to the American West in the 1700s, the
             A   B
    population of bison plunged from around 60,000,000 to 750 in less than 2
                 C   D
    centuries.

25. Even though a dry drowning victims was exposed to air, his or her lungs
                      A   B
    could not receive oxygen due to such reasons as a punctured diaphragm or
          C   D
    muscular paralysis.

26. Between 1836 and 1846, the modern-day states of Texas, Oklahoma, Kansas,
       ———A———   ———————B———————
Colorado, Wyoming, and New Mexico made up the 1 independent countries of
                                  ———C———   ————D————
the Republic of Texas.

27. In 2006, with gambling revenues reaching $6.95 billion, Macao surpasses Las
                           ———A——— ————B————   ————C————
Vegas as the largest gambling city in the world.
                     ————D————

28. According to the Australian Bureau of Statistics, approximately 25% of the
                                                      ————————A————————
nation's population were born overseas, and 20% has at least 1 foreign-born
                   ————B———— ———C————   ————D————
parent.

29. Blue cheese make with the injection of bacterial spores that grow mold in a
                ————A————   ————B————
temperature-controlled environment so as not to spoil the cheese itself.
————————C————————   ————D————

30. While the Northwest Passage was impassable in 1978, the melting ice caps have
                                ————A————   ————B————
since make way for large vessels to pass between Scandinavia and China.
      ———C———   ————D————

31. The date of Easter varies greatly each year because it is designated as the first
                                      ————A———— ————B———— ————————C————————
Sunday after the full moon followed the spring equinox.
              ————————D————————

32. To prevent Cubans from seeking refuge at the Guantanamo Bay U.S. base, the
       A   B
    Cuban government built the Cactus Curtain, 8 miles of cactuses growing along
                                                C   D
    the base's border.

33. Wrestling is one of the world's oldest sports, but the International Olympic
              A
    Committee recently decided it would not is one of the 25 sports featured in the
                B   C   D
    Olympic Games after 2016.

34. The Bavarian beer festival called Oktoberfest is a 16-day early autumn event that
                                 A   B
    has been celebrated most of every year since the 1810 marriage of King Ludwig
                         C   D
    I and Princess Therese.

35. Because China only has state-owned enterprises, not private corporations,
           A   B
    enforcing pollution laws on these companies is difficult because the regulated
                C
    and those who regulate are the same.
             D

36. The Trans-Pacific Partnership agreement between various Pacific border country
                                                                    A
    is under ongoing negotiation as to the specifics and extent of the free trade
              B   C
    for which it allows.
        D

37. Bordeaux's claims to fame is not limited to the wine capital of the world,
                    A   B
    but the city's outstanding 18th century architecture has also made the UNESCO
                C   D
    World Heritage list.

38. H. pylori infections, stomach tumors and overuse of anti-inflammatory
                 A   B
    medication is among possible causes for digestive fluid imbalances that result in
                C   D
    peptic ulcers.

39. In 1964 Martin Luther King, Jr. became the youngest person ever to receive the
                                    A   B
    Nobel Peace Prize for their efforts to end racial segregation and discrimination.
                        C   D

40. Despite their low annual salaries, if factoring in paid holidays, math teachers
                A   B
    still receive most per hour than those in many other mathematical field
                 C   D
    professions.

Test 5

Structure

1. ------- at the top of a baby's head, allow for the skull to be malleable during birth and infancy, a time when the brain is constantly growing.
   (A) Fontanels, the 2 soft areas
   (B) Fontanels are the 2 soft areas
   (C) 2 soft areas of fontanels
   (D) The 2 are soft areas and fontanels

2. Aside from his marriage to Marilyn Monroe, New York Yankee Jo Dimaggio ------- 56-game hitting streak in 1941, a record that has yet to be broken.
   (A) knew his best because
   (B) knew it is his best
   (C) was best known for his
   (D) knowing best his

3. Since New York City's Smoke-Free Air Act of 2003 ------- like bars, restaurants and workplaces, businesses are thriving and people are living longer.
   (A) ban on smoke and public places
   (B) ban places the public smokes
   (C) banned smoking in public places
   (D) banning places, the public smoked

4. ------- with dyslexia, he or she would have a 25 to 50 percent chance of being diagnosed with attention-deficit hyperactivity disorder (ADHD), as well.
   (A) Should a child be diagnosed
   (B) A child should be diagnosed
   (C) A diagnosed child should be
   (D) Diagnosis should be a child

5. The world's top coffee bean cultivating countries are in South America, Southeast Asia and Africa, ------- Brazil and Vietnam are significantly dominating the industry.
   (A) what
   (B) that
   (C) where
   (D) though

6. The stock market crash on October 29, 1929, or "Black Tuesday," marked the beginning of ------- completely end until World War II.
   (A) which the Great Depression did not
   (B) the Great Depression, which did not
   (C) not only the Great Depression, which
   (D) which was not the Great Depression's

7. Because of an approximate 0.7 degree Celsius rise in temperature, the Andean glaciers have melted to 30 to 50% ------- 1970s, and their near-future disappearance is inevitable.
   (A) they were in the sizes
   (B) the size they were in the
   (C) of sizing them in
   (D) were sized since the

8. Argentine national and second-generation Italian, Jorge Mario Bergoglio, ------- Pope Francis, is the first Latin American and Jesuit pope.
   (A) that refer now to
   (B) by referring to now
   (C) to whom he now refers
   (D) now referred to as

9. The word "sepia" ------- color of cuttlefish's ink, while other cephalopods, such as octopuses and squid, produce black and blue-black ink, respectively.
   (A) meaning brown from the
   (B) comes from the brown
   (C) which is browning the
   (D) as brown as the

10. After 36 years of author Sarah Josepha Hale ------- to U.S. presidents, Abraham Lincoln finally granted her request by making Thanksgiving a national holiday in 1863.
    (A) writes
    (B) wrote
    (C) writing
    (D) had written

11. Sydney Opera House architect, Jørn Utzon, quit mid-construction due to tension with the New South Wales government, ------- at the center's 1973 opening.
    (A) which he mentions he did not
    (B) but no one mentioned to him
    (C) and no mention of him was made
    (D) whom did not make mention of him

12. In May, 2013 Representative Pierluisi proposed before the U.S. Congress a change in Puerto Rico's status from commonwealth to state, an issue ------- Puerto Ricans are divided.
    (A) for whom much
    (B) in that some
    (C) by what most
    (D) on which many

13. In the American comic book market ------- companies, Marvel Comics and DC comics, that have been competing for 3/4 of a century.
    (A) 2 of the lead publishers
    (B) are 2 leading publishing
    (C) leads 2 that publishes
    (D) and have published 2

14. ------- the neutron and nuclear fission in the 1930s quickly led to the first production of nuclear power and nuclear weapons in the 1940s.
    (A) Are discovering
    (B) They discover with
    (C) It was discovered
    (D) The discovery of

15. Around 70% of social welfare money in Japan is spent on senior citizens and less than 4% on children, ------- waiting lists at the over-crowded childcare centers.
    (A) so many parents are left on
    (B) and parents left many
    (C) the parents many leave
    (D) many are left by parents of

Written Expression

16. Kiwifruit <u>used to be</u> called "Chinese gooseberry" <u>since they are</u> native to
                 A   B
    southern China <u>and did not</u> spread to New Zealand until <u>the early 1900s</u>.
                      C   D

17. Pole vaulting is not only <u>a competitive sport</u>, <u>and also</u> a practical
                                     A   B
    <u>means of passing</u> over marshes, canals or <u>other small bodies</u> of water.
          C   D

18. Mohandas Gandhi <u>led the</u> Indian movement to gain <u>independent from</u> Great
                          A   B
    Britain <u>and consequently</u> became <u>political enemies</u> with Winston Churchill.
                  C   D

19. In 1846 astronomer Alexis Bouvard <u>discovered Neptune not</u> by telescope but
                                                     A
    <u>by the calculation</u> of <u>the unseeing planet's</u> gravitational <u>pull on</u> Uranus' orbit.
         B   C   D

20. The "Gross National Happiness" scale <u>in the heavily</u> Buddhist <u>country of</u> Bhutan
                                                     A   B
    is <u>most based on</u> contentment and <u>well-being</u> than actual happiness.
           C   D

21. It <u>is estimate</u> that Americans spend <u>more money</u> on <u>candy</u> for Halloween <u>than for</u>
         A   B   C   D
    Valentine's Day.

22. Grapefruit is shaped alike grapes and also grows in clusters, and that is why the
                    A   B   C
    names of the 2 types of fruit are similar.
                         D

23. Built in 1931, the Empire State Building reigned for 65 years as the world's
       A   B
    tallest building, but after a serie of skyscrapers were constructed in Asia, it is
                                C   D
    now ranked 23rd.

24. Like his inventor friend Thomas Edison, automobile manufacture Henry Ford
         A   B
    had strong anti-Semitic views, which he published in his *Dearborn Independent*
         C   D
    Newspaper.

25. Jonas Salk is known as the man who developed the polio vaccine in the 1950s,
                   A   B
    but the less known Albert Sabin created an oral vaccine a few years later.
              C   D

26. After slavery was abolished in Brazil, many still believed that the lighter the skin
              A   B   C
    is, the greater the social mobility, so mulatto ex-slaves often distanced
                                                         D
    themselves from black ex-slaves.

27. The pyramids and sphinx are located in the Giza Necropolis or "city of the
                        A
dead," so named because it contains several cemetery, and the pyramids
              B   C   D
themselves are tombs.

28. Aristotle was the first Greek philosopher to provide evidence for the Earth's
                                              A
spherical form: that certain star constellations could see in some parts of the
       B   C
world and not in others.
            D

29. Shakespeare is perhaps the more quoted of all English writers and was
                    A   B
the most influential on modern-day English language syntax, vocabulary and
       C   D
pronunciation.

30. Isaac Newton first observed the acceleration falling objects due to gravitational
                                        A
pull, and he later applied this universal law of gravitation to explain why the
              B   C
moon orbits Earth.
        D

31. Upon emerging from their egg, a young caterpillar often ingests the
                      A   B
protein-enriched shell that housed it as a larva.
       C   D

32. Dipoles, such as magnetic fields, have 2 poles, but monopoles, such as electrical
          A   B   C
    charges, needs to have a positive or negative charge, not both.
              D

33. It believed that the foremost reasons mammoths became extinct were over-hunting
         A   B   C
    by humans and major climate change that affected their food source.
                                         D

34. A devout Christian, the Wright brothers' father did not initially support their
         A   B
    efforts because he believed his sons are committing blasphemy by trying to
                                        C
    fly like angels.
        D

35. Although some British historians consider Oliver Cromwell a 17th century hero,
         A   B
    he has been harsh criticized for the genocide of many Scottish and Irish
                   C   D
    Catholics.

36. While the platypus lays eggs and has no teats, it is still categorizing as a
                                        A   B
    mammal because it has mammary glands from which it feeds its young milk
                                           C
    via pores in the skin.
        D

37. Theodore Roosevelt was knowed as the "Trust Buster" since he focused his
              A   B
    energy on trying to combat monopolies, particularly railroad companies like
           C   D
    Northern Securities.

38. James Cook's discoveries not only proved that various landforms existed but also
                              A   B
    set rumors to rest about the existence of certain mythical locations
        C
    around a globe.
        D

39. Both epiphytes or parasites grow upon other organisms, but the former does not
                    A   B   C
    draw nutrients from other organisms and the latter does.
         D

40. Charles Lindbergh strongly opposed the United States entering World War II
                         A
    until the attack on Pearl Harbor, from that time he started flying in combat
                  B   C   D
    missions.

48

Test 6

Structure

1. Statins are taken to lower cholesterol and prevent heart disease, but people ------- risks of liver injury, cognitive impairment, type 2 diabetes and muscle damage.
   (A) increase their drugs with whom these
   (B) have drugs taken by those increasing
   (C) who are taking the increased drugs'
   (D) that take these drugs have increased

2. In June of 2010, Nelson Mandela's 13-year-old great-granddaughter was killed in a car crash, so he ------- appearance at the FIFA World Cup opening celebration.
   (A) cancelled and scheduled by his
   (B) has cancelled to schedule his
   (C) had to cancel his scheduled
   (D) has had to schedule his cancelled

3. The runny nose in patients with cerebrospinal fluid rhinorrhea is not just mucous but fluid from the brain ------- the nasal or sinus cavities because of an injury or birth defect.
   (A) has been diverted from
   (B) having been diverted by
   (C) that has been diverted through
   (D) which were being diverted around

4. Mughal emperor Shah Jahan ------- resting place for his third wife, Mumtaz Mahal, and his own body was buried in the same mausoleum in 1666.
   (A) had built as the final Taj Mahal
   (B) had the Taj Mahal built as a final
   (C) finally built the Taj Mahal and had as
   (D) had as the Taj Mahal the final built

49

5. Vitamins, antioxidants, and omega-3 fatty acids can all be beneficial in regular doses, but ------- detrimental to one's health.
   (A) taken in excess they can be
   (B) they can be taken in excesses
   (C) can be taking them excessively
   (D) taking them can be excessive

6. In-flight smoking in most countries ------- prohibited on most airlines, so smoking passengers could face fines up to $5,000 and possible jail time.
   (A) are illegal because
   (B) have been illegal and
   (C) was illegal, and it is
   (D) is illegal, and therefore,

7. Known to his Japanese audience as a samurai actor, ------- recently began starring in non-Japanese movies, and he is now known to other audiences as a tragic hero.
   (A) Ken Watanabe
   (B) has Ken Watanabe
   (C) it was Ken Watanabe who
   (D) Ken Watanabe who

8. The German Empire, Ottoman Empire and Austria-Hungary were all divided into smaller countries in 1918, ------- defeated in World War I by the Allies.
   (A) were
   (B) is being
   (C) had been
   (D) having been

9. ------- 1 million birds, marine mammals and sea turtles are killed each year by ingestion of or entanglement in some of the 10 million tons of plastic waste in the ocean.
   (A) The estimation
   (B) An estimated
   (C) Their estimates
   (D) When estimating

10. Australia, New Zealand and China are, in that order, the top 3 wool producing ------- Merino sheep, whereas the wool in the U.S. is from French Merino sheep.
    (A) primary shearing countries and
    (B) countries and primarily shave
    (C) primarily shear countries and
    (D) countries' primary shearing of

11. George de Mestral was laughed at when ------- velcro in 1948, but patented the product by 1955 and went on to make millions off of his invention.
    (A) mentioned his idea
    (B) mentioned his idea about
    (C) he mentioned his idea of
    (D) he has mentioned his idea for

12. Although Tonga was once a limited protectorate of the United Kingdom, ------- self-governance and is the only South Pacific island nation to have never been colonized.
    (A) always maintains
    (B) always maintain it
    (C) it has always maintained
    (D) it has always been maintained

13. The ------- instrument integral to Aboriginal music in Australia, is traditionally made from bamboo or eucalyptus wood that has been hollowed out by termites.
    (A) didgeridoo woodwind
    (B) didgeridoo, a woodwind
    (C) didgeridoo is a woodwind
    (D) didgeridoo, which is woodwind

14. ------- Spanish and French, are all derived from vernacular or "Vulgar" Latin, and do not have the same declension system and syntax as Classical Latin.
    (A) Romance languages
    (B) Romance languages, such as
    (C) There are romance languages, such as
    (D) While there are romance languages, such as

15. ------- the 3 Abrahamic religions of Judaism, Islam and Christianity consider Jerusalem their holy city, the former 2 groups in particular have always fought for claim over the land.
    (A) Given that
    (B) Even though
    (C) However,
    (D) Wherever

Written Expression

16. The sport of skiing is at least 6,000 years old and is first enjoyed by ancient
            A   B   C   D
    Russians and Scandinavians.

17. Weighing as much as 400 kilograms and lived as long as 170 years, Galápagos
       A   B
    tortoises are known to be the largest and longest living tortoise species.
             C   D

18. Since its 1272 renovation, the Leaning Tower of Pisa had been tilting to the
         A   B
    south, but shortly after its construction began in 1173, the tower had been leaning
                      C   D
    to the north.

19. Palming has been proven as an effective natural method of improve one's
                   A   B   C D
    eyesight.

20. When an attack is about to occur, the disorientation of an aura alerts both
       A   B   C
    migraine and epilepsy sufferers like.
                                      D

21. The Savannah Campaign by Confederate troops in the Civil War is more
                              A   B   C
    commonly know as "Sherman's March to the Sea."
            D

22. Since France <u>invaded to</u> Vietnam in the 1800s, French <u>has replaced</u> Chinese as
                           A   B
    the official language <u>of education</u>, and the Vietnamese writing system <u>has been</u>
                               C   D
    Romanized.

23. "Tax <u>havens</u>" like the Bahamas, Cyprus, and Monaco <u>appear attractively</u> to
            A   B
    international corporations <u>since taxes</u> in these countries are <u>almost non-existent</u>.
                                       C   D

24. The Tour du France is usually <u>not confined</u> to France but <u>sometimes follows</u> a
                                              A   B
    route <u>through another</u> nearby European countries such as Belgium,
                        C
    the <u>Netherlands</u>, Germany, Italy and Spain.
        D

25. Park Geun-hye is <u>a first woman</u> ever <u>to be elected</u> South Korean President, and
                                    A   B
    she follows in <u>her father's, Park</u> Chung-hee's, footsteps <u>because he served</u> as
                           C   D
    president from 1963 to 1979.

26. Despite Reykjavík's status <u>as the most</u> northernmost capital in the world, it has
                                         A
    <u>a relatively temperate</u> climate <u>due to contact</u> with <u>the warm currents</u> of the Gulf
            B   C   D
    Stream.

27. Moshé Feldenkrais' invention of the Feldenkrais Method was highly influenced
                        A   B
    by Judo because both involve learn how to avoid pain through movement.
    —   C   D

28. As one of the architect of 19th and 20th century socialism, Karl Marx's
              A
    writings triggered the formation of communist states such as the People's
              B   C
    Republic of China and the Soviet Union.
              D

29. Because wisdom teeth often impact other teeth and can cause nerve damages,
                                 A   B
    many dentists recommend their removal in early adulthood, when the roots have
                                            C
    not yet fully formed.
           D

30. Even though the dishes originated in the United States, Eggs Benedict is
                A   B
    ironically made with Canadian bacon, Hollandaise sauce and an English muffin.
         C   D

31. Either differential and integral calculus require analysis of functions and limits,
              A   B
    and both have practical application in the fields of science, economics and
                        C   D
    engineering.

32. A high level of the enzyme creatine kinase found in the blood indicates there
        A   B
    has been damage to the muscle tissue, heart or brain and could possibly
          C
    diagnose heart attack.
       D

33. Based on weight that has been recorded, mammals are known to range weight
                               A   B
    from 1.2 grams, in the case of the Etruscan shrew, to 190 tons, in the case of the
                      C   D
    blue whale.

34. Former international airlines, Pan Am, were founded in 1927 as a small airmail
           A   B
    and passenger carrier with flights solely between Key West, Florida and Havana,
          C   D
    Cuba.

35. Cannabis use and obesity have been shown to have a negative correlation, with
             A   B
    frequent users having about a 7% lower rate of obesity than nonusers who never
            C   D
    smoke marijuana.

36. According to the United States Census Bureau, there is about 37 million Spanish
          A   B
    speakers in the U.S., which makes it the 2nd-largest Spanish-speaking population
                           C   D
    in the world.

37. Words have be found in a substantial number and a wide range of publications to
               A   B
    be part of the English lexicon, so it did not take long for words like "AIDS" and
                           C   D
    "tweet" to be included.

38. While ancient Mars was comprised of 36% to 75% ocean and could have been
              A
    home to living organisms, currently the only form of water on the surface of
      B   C   D
    Mars is ice.

39. A new leukemia therapy, in which modified T cells attack the cancerous B cells
            A   B   C
    via their CD19 proteins, has proven successfully in a few patients at Memorial
                                           D
    Sloan-Kettering.

40. The genre known as "photorealism," a visual arts movement that began in the
              A   B
    1960s, has been graduated to "hyperrealism" due to the advent of digital
                      C   D
    technology and its use in art.

Test 1

1	Ⓐ Ⓑ Ⓒ Ⓓ	11	Ⓐ Ⓑ Ⓒ Ⓓ	21	Ⓐ Ⓑ Ⓒ Ⓓ	31	Ⓐ Ⓑ Ⓒ Ⓓ
2	Ⓐ Ⓑ Ⓒ Ⓓ	12	Ⓐ Ⓑ Ⓒ Ⓓ	22	Ⓐ Ⓑ Ⓒ Ⓓ	32	Ⓐ Ⓑ Ⓒ Ⓓ
3	Ⓐ Ⓑ Ⓒ Ⓓ	13	Ⓐ Ⓑ Ⓒ Ⓓ	23	Ⓐ Ⓑ Ⓒ Ⓓ	33	Ⓐ Ⓑ Ⓒ Ⓓ
4	Ⓐ Ⓑ Ⓒ Ⓓ	14	Ⓐ Ⓑ Ⓒ Ⓓ	24	Ⓐ Ⓑ Ⓒ Ⓓ	34	Ⓐ Ⓑ Ⓒ Ⓓ
5	Ⓐ Ⓑ Ⓒ Ⓓ	15	Ⓐ Ⓑ Ⓒ Ⓓ	25	Ⓐ Ⓑ Ⓒ Ⓓ	35	Ⓐ Ⓑ Ⓒ Ⓓ
6	Ⓐ Ⓑ Ⓒ Ⓓ	16	Ⓐ Ⓑ Ⓒ Ⓓ	26	Ⓐ Ⓑ Ⓒ Ⓓ	36	Ⓐ Ⓑ Ⓒ Ⓓ
7	Ⓐ Ⓑ Ⓒ Ⓓ	17	Ⓐ Ⓑ Ⓒ Ⓓ	27	Ⓐ Ⓑ Ⓒ Ⓓ	37	Ⓐ Ⓑ Ⓒ Ⓓ
8	Ⓐ Ⓑ Ⓒ Ⓓ	18	Ⓐ Ⓑ Ⓒ Ⓓ	28	Ⓐ Ⓑ Ⓒ Ⓓ	38	Ⓐ Ⓑ Ⓒ Ⓓ
9	Ⓐ Ⓑ Ⓒ Ⓓ	19	Ⓐ Ⓑ Ⓒ Ⓓ	29	Ⓐ Ⓑ Ⓒ Ⓓ	39	Ⓐ Ⓑ Ⓒ Ⓓ
10	Ⓐ Ⓑ Ⓒ Ⓓ	20	Ⓐ Ⓑ Ⓒ Ⓓ	30	Ⓐ Ⓑ Ⓒ Ⓓ	40	Ⓐ Ⓑ Ⓒ Ⓓ

Test 2

1	Ⓐ Ⓑ Ⓒ Ⓓ	11	Ⓐ Ⓑ Ⓒ Ⓓ	21	Ⓐ Ⓑ Ⓒ Ⓓ	31	Ⓐ Ⓑ Ⓒ Ⓓ
2	Ⓐ Ⓑ Ⓒ Ⓓ	12	Ⓐ Ⓑ Ⓒ Ⓓ	22	Ⓐ Ⓑ Ⓒ Ⓓ	32	Ⓐ Ⓑ Ⓒ Ⓓ
3	Ⓐ Ⓑ Ⓒ Ⓓ	13	Ⓐ Ⓑ Ⓒ Ⓓ	23	Ⓐ Ⓑ Ⓒ Ⓓ	33	Ⓐ Ⓑ Ⓒ Ⓓ
4	Ⓐ Ⓑ Ⓒ Ⓓ	14	Ⓐ Ⓑ Ⓒ Ⓓ	24	Ⓐ Ⓑ Ⓒ Ⓓ	34	Ⓐ Ⓑ Ⓒ Ⓓ
5	Ⓐ Ⓑ Ⓒ Ⓓ	15	Ⓐ Ⓑ Ⓒ Ⓓ	25	Ⓐ Ⓑ Ⓒ Ⓓ	35	Ⓐ Ⓑ Ⓒ Ⓓ
6	Ⓐ Ⓑ Ⓒ Ⓓ	16	Ⓐ Ⓑ Ⓒ Ⓓ	26	Ⓐ Ⓑ Ⓒ Ⓓ	36	Ⓐ Ⓑ Ⓒ Ⓓ
7	Ⓐ Ⓑ Ⓒ Ⓓ	17	Ⓐ Ⓑ Ⓒ Ⓓ	27	Ⓐ Ⓑ Ⓒ Ⓓ	37	Ⓐ Ⓑ Ⓒ Ⓓ
8	Ⓐ Ⓑ Ⓒ Ⓓ	18	Ⓐ Ⓑ Ⓒ Ⓓ	28	Ⓐ Ⓑ Ⓒ Ⓓ	38	Ⓐ Ⓑ Ⓒ Ⓓ
9	Ⓐ Ⓑ Ⓒ Ⓓ	19	Ⓐ Ⓑ Ⓒ Ⓓ	29	Ⓐ Ⓑ Ⓒ Ⓓ	39	Ⓐ Ⓑ Ⓒ Ⓓ
10	Ⓐ Ⓑ Ⓒ Ⓓ	20	Ⓐ Ⓑ Ⓒ Ⓓ	30	Ⓐ Ⓑ Ⓒ Ⓓ	40	Ⓐ Ⓑ Ⓒ Ⓓ

Test 3

1	Ⓐ Ⓑ Ⓒ Ⓓ	11	Ⓐ Ⓑ Ⓒ Ⓓ	21	Ⓐ Ⓑ Ⓒ Ⓓ	31	Ⓐ Ⓑ Ⓒ Ⓓ
2	Ⓐ Ⓑ Ⓒ Ⓓ	12	Ⓐ Ⓑ Ⓒ Ⓓ	22	Ⓐ Ⓑ Ⓒ Ⓓ	32	Ⓐ Ⓑ Ⓒ Ⓓ
3	Ⓐ Ⓑ Ⓒ Ⓓ	13	Ⓐ Ⓑ Ⓒ Ⓓ	23	Ⓐ Ⓑ Ⓒ Ⓓ	33	Ⓐ Ⓑ Ⓒ Ⓓ
4	Ⓐ Ⓑ Ⓒ Ⓓ	14	Ⓐ Ⓑ Ⓒ Ⓓ	24	Ⓐ Ⓑ Ⓒ Ⓓ	34	Ⓐ Ⓑ Ⓒ Ⓓ
5	Ⓐ Ⓑ Ⓒ Ⓓ	15	Ⓐ Ⓑ Ⓒ Ⓓ	25	Ⓐ Ⓑ Ⓒ Ⓓ	35	Ⓐ Ⓑ Ⓒ Ⓓ
6	Ⓐ Ⓑ Ⓒ Ⓓ	16	Ⓐ Ⓑ Ⓒ Ⓓ	26	Ⓐ Ⓑ Ⓒ Ⓓ	36	Ⓐ Ⓑ Ⓒ Ⓓ
7	Ⓐ Ⓑ Ⓒ Ⓓ	17	Ⓐ Ⓑ Ⓒ Ⓓ	27	Ⓐ Ⓑ Ⓒ Ⓓ	37	Ⓐ Ⓑ Ⓒ Ⓓ
8	Ⓐ Ⓑ Ⓒ Ⓓ	18	Ⓐ Ⓑ Ⓒ Ⓓ	28	Ⓐ Ⓑ Ⓒ Ⓓ	38	Ⓐ Ⓑ Ⓒ Ⓓ
9	Ⓐ Ⓑ Ⓒ Ⓓ	19	Ⓐ Ⓑ Ⓒ Ⓓ	29	Ⓐ Ⓑ Ⓒ Ⓓ	39	Ⓐ Ⓑ Ⓒ Ⓓ
10	Ⓐ Ⓑ Ⓒ Ⓓ	20	Ⓐ Ⓑ Ⓒ Ⓓ	30	Ⓐ Ⓑ Ⓒ Ⓓ	40	Ⓐ Ⓑ Ⓒ Ⓓ

Answer Sheet

Test 4

1	Ⓐ Ⓑ Ⓒ Ⓓ	11	Ⓐ Ⓑ Ⓒ Ⓓ	21	Ⓐ Ⓑ Ⓒ Ⓓ	31	Ⓐ Ⓑ Ⓒ Ⓓ
2	Ⓐ Ⓑ Ⓒ Ⓓ	12	Ⓐ Ⓑ Ⓒ Ⓓ	22	Ⓐ Ⓑ Ⓒ Ⓓ	32	Ⓐ Ⓑ Ⓒ Ⓓ
3	Ⓐ Ⓑ Ⓒ Ⓓ	13	Ⓐ Ⓑ Ⓒ Ⓓ	23	Ⓐ Ⓑ Ⓒ Ⓓ	33	Ⓐ Ⓑ Ⓒ Ⓓ
4	Ⓐ Ⓑ Ⓒ Ⓓ	14	Ⓐ Ⓑ Ⓒ Ⓓ	24	Ⓐ Ⓑ Ⓒ Ⓓ	34	Ⓐ Ⓑ Ⓒ Ⓓ
5	Ⓐ Ⓑ Ⓒ Ⓓ	15	Ⓐ Ⓑ Ⓒ Ⓓ	25	Ⓐ Ⓑ Ⓒ Ⓓ	35	Ⓐ Ⓑ Ⓒ Ⓓ
6	Ⓐ Ⓑ Ⓒ Ⓓ	16	Ⓐ Ⓑ Ⓒ Ⓓ	26	Ⓐ Ⓑ Ⓒ Ⓓ	36	Ⓐ Ⓑ Ⓒ Ⓓ
7	Ⓐ Ⓑ Ⓒ Ⓓ	17	Ⓐ Ⓑ Ⓒ Ⓓ	27	Ⓐ Ⓑ Ⓒ Ⓓ	37	Ⓐ Ⓑ Ⓒ Ⓓ
8	Ⓐ Ⓑ Ⓒ Ⓓ	18	Ⓐ Ⓑ Ⓒ Ⓓ	28	Ⓐ Ⓑ Ⓒ Ⓓ	38	Ⓐ Ⓑ Ⓒ Ⓓ
9	Ⓐ Ⓑ Ⓒ Ⓓ	19	Ⓐ Ⓑ Ⓒ Ⓓ	29	Ⓐ Ⓑ Ⓒ Ⓓ	39	Ⓐ Ⓑ Ⓒ Ⓓ
10	Ⓐ Ⓑ Ⓒ Ⓓ	20	Ⓐ Ⓑ Ⓒ Ⓓ	30	Ⓐ Ⓑ Ⓒ Ⓓ	40	Ⓐ Ⓑ Ⓒ Ⓓ

Test 5

1	Ⓐ Ⓑ Ⓒ Ⓓ	11	Ⓐ Ⓑ Ⓒ Ⓓ	21	Ⓐ Ⓑ Ⓒ Ⓓ	31	Ⓐ Ⓑ Ⓒ Ⓓ
2	Ⓐ Ⓑ Ⓒ Ⓓ	12	Ⓐ Ⓑ Ⓒ Ⓓ	22	Ⓐ Ⓑ Ⓒ Ⓓ	32	Ⓐ Ⓑ Ⓒ Ⓓ
3	Ⓐ Ⓑ Ⓒ Ⓓ	13	Ⓐ Ⓑ Ⓒ Ⓓ	23	Ⓐ Ⓑ Ⓒ Ⓓ	33	Ⓐ Ⓑ Ⓒ Ⓓ
4	Ⓐ Ⓑ Ⓒ Ⓓ	14	Ⓐ Ⓑ Ⓒ Ⓓ	24	Ⓐ Ⓑ Ⓒ Ⓓ	34	Ⓐ Ⓑ Ⓒ Ⓓ
5	Ⓐ Ⓑ Ⓒ Ⓓ	15	Ⓐ Ⓑ Ⓒ Ⓓ	25	Ⓐ Ⓑ Ⓒ Ⓓ	35	Ⓐ Ⓑ Ⓒ Ⓓ
6	Ⓐ Ⓑ Ⓒ Ⓓ	16	Ⓐ Ⓑ Ⓒ Ⓓ	26	Ⓐ Ⓑ Ⓒ Ⓓ	36	Ⓐ Ⓑ Ⓒ Ⓓ
7	Ⓐ Ⓑ Ⓒ Ⓓ	17	Ⓐ Ⓑ Ⓒ Ⓓ	27	Ⓐ Ⓑ Ⓒ Ⓓ	37	Ⓐ Ⓑ Ⓒ Ⓓ
8	Ⓐ Ⓑ Ⓒ Ⓓ	18	Ⓐ Ⓑ Ⓒ Ⓓ	28	Ⓐ Ⓑ Ⓒ Ⓓ	38	Ⓐ Ⓑ Ⓒ Ⓓ
9	Ⓐ Ⓑ Ⓒ Ⓓ	19	Ⓐ Ⓑ Ⓒ Ⓓ	29	Ⓐ Ⓑ Ⓒ Ⓓ	39	Ⓐ Ⓑ Ⓒ Ⓓ
10	Ⓐ Ⓑ Ⓒ Ⓓ	20	Ⓐ Ⓑ Ⓒ Ⓓ	30	Ⓐ Ⓑ Ⓒ Ⓓ	40	Ⓐ Ⓑ Ⓒ Ⓓ

Test 6

1	Ⓐ Ⓑ Ⓒ Ⓓ	11	Ⓐ Ⓑ Ⓒ Ⓓ	21	Ⓐ Ⓑ Ⓒ Ⓓ	31	Ⓐ Ⓑ Ⓒ Ⓓ
2	Ⓐ Ⓑ Ⓒ Ⓓ	12	Ⓐ Ⓑ Ⓒ Ⓓ	22	Ⓐ Ⓑ Ⓒ Ⓓ	32	Ⓐ Ⓑ Ⓒ Ⓓ
3	Ⓐ Ⓑ Ⓒ Ⓓ	13	Ⓐ Ⓑ Ⓒ Ⓓ	23	Ⓐ Ⓑ Ⓒ Ⓓ	33	Ⓐ Ⓑ Ⓒ Ⓓ
4	Ⓐ Ⓑ Ⓒ Ⓓ	14	Ⓐ Ⓑ Ⓒ Ⓓ	24	Ⓐ Ⓑ Ⓒ Ⓓ	34	Ⓐ Ⓑ Ⓒ Ⓓ
5	Ⓐ Ⓑ Ⓒ Ⓓ	15	Ⓐ Ⓑ Ⓒ Ⓓ	25	Ⓐ Ⓑ Ⓒ Ⓓ	35	Ⓐ Ⓑ Ⓒ Ⓓ
6	Ⓐ Ⓑ Ⓒ Ⓓ	16	Ⓐ Ⓑ Ⓒ Ⓓ	26	Ⓐ Ⓑ Ⓒ Ⓓ	36	Ⓐ Ⓑ Ⓒ Ⓓ
7	Ⓐ Ⓑ Ⓒ Ⓓ	17	Ⓐ Ⓑ Ⓒ Ⓓ	27	Ⓐ Ⓑ Ⓒ Ⓓ	37	Ⓐ Ⓑ Ⓒ Ⓓ
8	Ⓐ Ⓑ Ⓒ Ⓓ	18	Ⓐ Ⓑ Ⓒ Ⓓ	28	Ⓐ Ⓑ Ⓒ Ⓓ	38	Ⓐ Ⓑ Ⓒ Ⓓ
9	Ⓐ Ⓑ Ⓒ Ⓓ	19	Ⓐ Ⓑ Ⓒ Ⓓ	29	Ⓐ Ⓑ Ⓒ Ⓓ	39	Ⓐ Ⓑ Ⓒ Ⓓ
10	Ⓐ Ⓑ Ⓒ Ⓓ	20	Ⓐ Ⓑ Ⓒ Ⓓ	30	Ⓐ Ⓑ Ⓒ Ⓓ	40	Ⓐ Ⓑ Ⓒ Ⓓ

Answer Sheet